AF260247

Oo
925

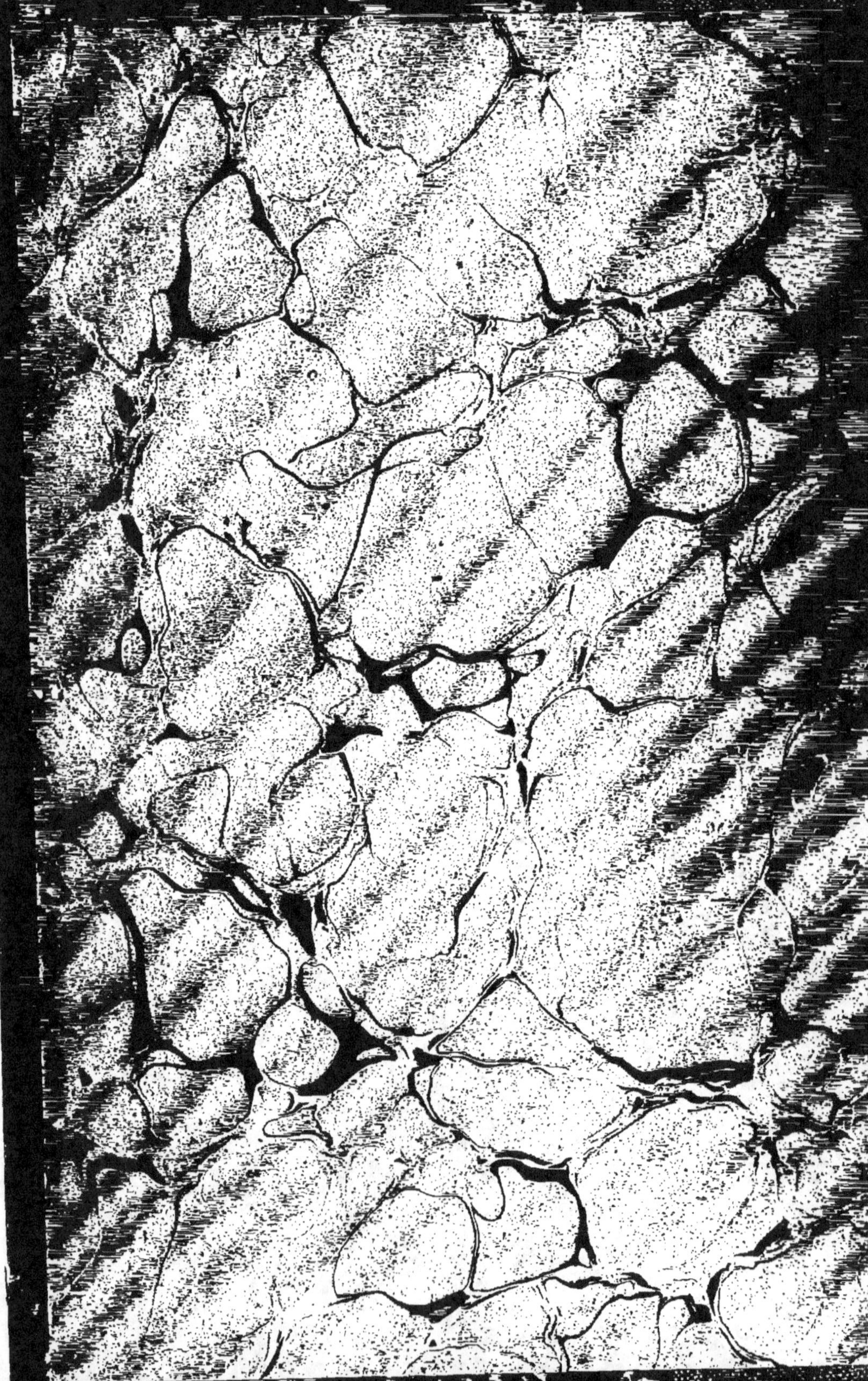

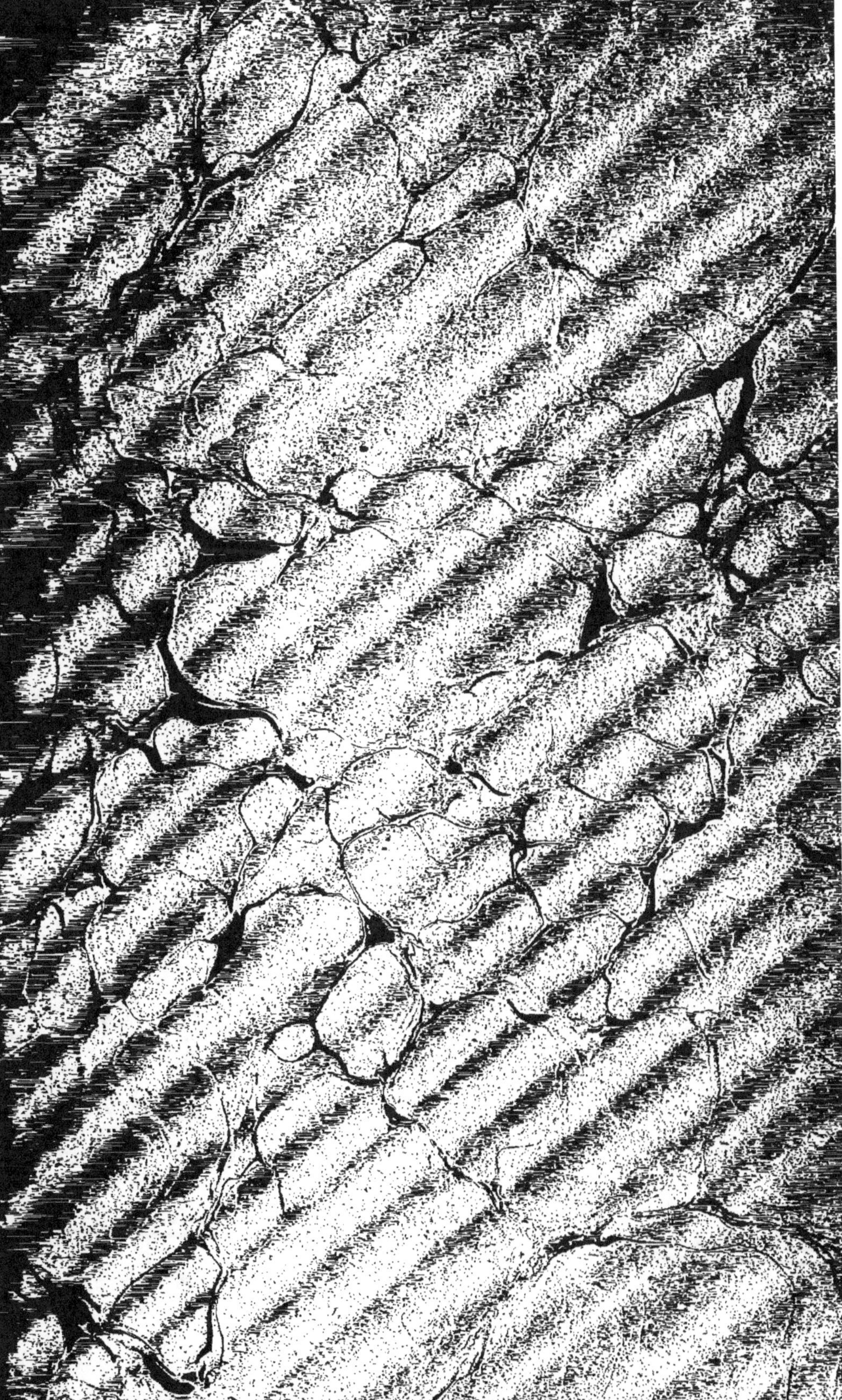

CALDERON

REVUE CRITIQUE DES TRAVAUX D'ÉRUDITION

PUBLIÉS EN ESPAGNE

A L'OCCASION DU SECOND CENTENAIRE DE LA MORT DU POÈTE

SUIVIE DE

DOCUMENTS RELATIFS A L'ANCIEN THÉATRE ESPAGNOL

PAR

ALFRED MOREL-FATIO

Professeur de littérature étrangère à l'École des lettres d'Alger.

PARIS

LIBRAIRIE ESPAGNOLE ET AMÉRICAINE

E. DENNÉ

15, rue Monsigny, 15

1881

CALDERON

REVUE CRITIQUE DES TRAVAUX D'ÉRUDITION

PUBLIÉS EN ESPAGNE

A L'OCCASION DU SECOND CENTENAIRE DE LA MORT DU POÈTE

SUIVIE DE

DOCUMENTS RELATIFS A L'ANCIEN THÉATRE ESPAGNOL

PAR

ALFRED MOREL-FATIO

Professeur de littérature étrangère à l'École des lettres d'Alger.

PARIS

LIBRAIRIE ESPAGNOLE ET AMÉRICAINE

E. DENNÉ

15, rue Monsigny, 15

1881

CALDERON

A l'occasion des fêtes du second centenaire de Calderon, on a beaucoup écrit sur les bords du Manzanares et ailleurs en Espagne. Il y a eu, comme bien l'on pense, grande consommation d'adjectifs, profusion de sonnets, d'octaves et de décimes, de discours académiques empanachés, d'études littéraires et biographiques « à grands traits » sur le poète, que la plupart des Espagnols tiennent désormais pour leur « poète national par excellence. » Cette apothéose me semble le fruit d'une exagération ; je ne crois pas que le génie poétique de la nation se soit à ce point incarné dans Calderon, ni même que l'auteur de *La vida es sueño* puisse passer pour le représentant le plus éminent de la littérature dramatique espagnole[1]. Si j'étais Espagnol, je réclamerais en faveur de Cervantes et de Lope de Vega. Mais, voilà, Calderon a eu l'heureuse idée de mourir en 1681, ce qui a permis à ses admirateurs de la veille de célébrer son centenaire un an après celui de Camoëns, dont le succès a été grand au Portugal ; puis il est bon de se souvenir qu'une partie importante de

[1] Des esprits plus calmes, tout en prenant part à la manifestation, n'ont pas manqué de faire quelques réserves (pas assez à mon avis) sur le caractère donné à cette fête ; voir, par exemple, le *Discurso leido en la fiesta literaria celebrada en el paraninfo de la universidad de Barcelona*, par D. Manuel Milá y Fontanals. (Barcelone, 1881, in-8.)

l'œuvre de Calderon, ses drames tragiques, religieux et symboliques, a été retrouvée ou même découverte par les critiques allemands du commencement du siècle, et chacun sait que les Espagnols ne tentent guère de « revendication » littéraire sans avoir auparavant pris l'avis des étrangers : c'est grâce aux Anglais que Cervantes a été depuis un siècle proclamé par ses compatriotes *príncipe de los escritores castellanos;* Calderon, lui, doit à ses panégyristes allemands d'être maintenant tenu pour un grand poète, même dans son pays.

Ici il ne sera traité que des travaux d'érudition publiés à l'occasion de la fête, soit sur le poète, soit sur ses œuvres. Le catalogue n'en est pas très long. Je ne parle, cela va de soi, que des écrits que j'ai lus : peut-être des trésors sont-ils enfouis dans les mémoires de quelque *Ateneo* ou dans la *hoja literaria* de quelque journal de province; mais à en juger par ce que j'ai réussi à me procurer ou ce que je dois à des amis *cortesanos*, force m'est d'avouer que les érudits espagnols n'ont pas égalé leurs voisins portugais en activité scientifique. Aux deux importants travaux bibliographiques sur Camoëns de MM. Braga et Vasconcellos, à l'édition des *Lusiades* de M. Coelho, l'Espagne n'a rien à opposer. Dieu sait cependant s'il y avait à dire en matière de bibliographie Calderonienne ! Quand on songe, par exemple, que le dernier éditeur des œuvres complètes de Calderon, feu D. Eugenio Hartzenbusch, membre de l'Académie Espagnole et directeur de la Bibliothèque Nationale de Madrid, a établi son texte sans avoir pu prendre connaissance du tome premier des drames du poète publié en 1640, et que ce volume renferme des pièces de l'importance de *La vida es sueño* et du *Príncipe constante*[1], quand on songe que beaucoup d'éditions isolées

---

[1] Voir l'édition de Hartzenbusch, t. IV, p. 654. Hartzenbusch peut être excusable de ne pas avoir su trouver ledit volume, mais ses successeurs ne le sont pas de réimprimer, sans les entendre, des passages obscurs ou incorrects, faciles à corriger à l'aide du texte de 1640, comme je le montrerai ailleurs en examinant la dernière édition

(*sueltas*) sont inconnues ou mal connues, que les textes compris dans les *Partes* de *comedias varias* n'ont pas été suffisamment collationnés, qu'en un mot l'édition de Hartzenbusch est tout entière à refaire d'après les procédés aujourd'hui en usage, on se demande comment l'absolue nécessité d'un tel travail a pu échapper à l'œil vigilant de la critique espagnole.

Les réimpressions de drames et de comédies de Calderon sorties cette année des presses de Madrid ne méritent aucune attention : affaires de librairie, rien de plus. Pour répondre aux besoins du moment, on a simplement découpé, par petites tranches, le texte de la *Biblioteca Rivadeneyra*. Quant à tenir compte de travaux qui passent pour avoir quelque peu amélioré ce texte, à quoi bon ? Un certain *extrangero* avait eu naguère la patience et la bonhomie de transcrire tout au long et de publier le manuscrit autographe d'un drame célèbre de Calderon, pensant rendre par là un léger service aux lettres espagnoles. La comparaison de sa copie avec les éditions anciennes lui avait permis de restaurer divers passages gâtés par de négligents copistes ou imprimeurs, et de ce rapprochement était résulté un texte plus intelligible et plus correct. Pensez-vous que ce travail ait fait naître chez les éditeurs espagnols quelques doutes sur l'excellence de la version de D. Eugenio ? En aucune façon. Le malheur n'est pas grand, il est vrai, pour l'étranger, qui s'attendait bien un peu à ce succès, mais ne doit-on pas en conclure que le respect qu'on professe en Espagne pour les classiques est affaire de montre plutôt que de conviction raisonnée ? Après cela, on dira peut-être que ce respect est si profond, si religieux que les Espagnols croiraient profaner ces monuments de leur passé en s'en approchant de trop près et qu'ils aiment mieux les adorer de loin, quitte à ne les comprendre qu'à demi.

---

de *La vida es sueño* et de *El príncipe constante*, publiée par M. Krenkel (Leipzig, 1881, in-8), qui, lui aussi, chose étrange pour un Allemand, s'en est tenu au texte de l'académicien de Madrid.

Une heureuse chance nous a conservé de Calderon plusieurs manuscrits de ses œuvres dramatiques écrits de sa propre main et qui se trouvent aujourd'hui dans le palais d'un grand d'Espagne dont l'accès est facile ; la grande bibliothèque de Madrid possède les pièces de la qualification d'un *auto* du poëte et la défense de ce dernier, documents curieux qui instruisent à la fois sur les procédés du pouvoir inquisitorial et les connaissances théologiques du dramaturge [1] ; les archives municipales de Madrid gardent les procès-verbaux de la représentation des *autos* commandés à Calderon, les listes des acteurs, les descriptions des décors et autres attirails de ces grands drames de la Fête-Dieu. N'est-il pas étrange qu'aucun Espagnol n'ait eu l'idée d'explorer ces vénérables restes [2] et d'en tirer des renseignements précis sur la manière de composer et d'écrire du poète, les différences de ses manuscrits avec les versions courantes, les

---

[1] L'*Auto* incriminé porte le titre de *Las ordenes militares y segundo Adan*. Dans ce drame, représenté pour la première fois, devant la cour et les conseils, en 1662, Calderon fait faire au Christ ses *informations de pureté* tout comme à un chevalier de Saint-Jacques. Ce n'est pas là ce qui chagrinait les inquisiteurs, ils n'étaient pas non plus choqués de certaines propositions malsonnantes risquées par le démon ou un vice capital, parce que, reconnaît un qualificateur, « ces propositions se disent *reutative* et sont mises dans la bouche du Vice ou du Démon ; » mais ce qu'ils trouvaient condamnable, c'est que Calderon eût traité, sans les précautions voulues, de l'Immaculée Conception, « lo qual es de grande peligro en el pueblo por ser la materia gravissima. » Dans son *auto*, Calderon faisait intervenir la fameuse bulle *Sollicitudo* d'Alexandre VII (8 décembre 1661), obtenue à grand peine par Philippe IV pour apaiser les fervents partisans de l'immaculisme de la Vierge, jésuites et franciscains, et fermer la bouche à leurs adversaires les dominicains. Au dire de Muret, secrétaire de Georges d'Aubusson, ambassadeur de France en Espagne, la dispute théologique préoccupait même la grande masse du public ; voir le *Cabinet historique*, t. XXV, p. 117.

[2] Il ne faut faire qu'une petite exception en faveur d'un collaborateur de l'*Ilustracion española y americana*, qui, dans le supplément au numéro XIX de cette année, a donné quelques extraits des documents de l'*Ayuntamiento* sur la représentation des *autos* de Calderon, à Madrid, en 1681, année de la mort du poète.

rapports de l'église avec le théâtre et l'histoire du théâtre religieux au xviie siècle, ce qui eût un peu mieux valu que le torrent de lieux communs et de phrases à effet dont nous a inondés la tourbe des *centenaristas*.

Mais laissons là les récriminations, et voyons ce qui a été fait : d'abord sur l'homme.

La partie documentaire de la biographie de Calderon s'est un peu enrichie, sans que pour cela les pièces d'archives récemment exhumées aient découvert des faits importants jusqu'ici ignorés, mais il en est qui confirment ou complètent ce qu'on savait déjà. Doit-on admettre que l'inscription d'un Pedro Calderon dans un registre « de matricule » de l'université d'Alcalá de Henares se rapporte à notre poète ? Je ne le pense pas. D. Francisco Fernandez y Gonzalez, auteur de cette découverte [1], nous informe que ledit registre, aujourd'hui conservé dans les archives de l'université de Madrid, héritière de l'université d'Alcalá, commence le 18 octobre 1614 et se termine le 13 février 1618. Au fol. 20, parmi les noms d'élèves qui payèrent leur inscription à un cours de droit canon, on lit : « P° Calderon. de Madrid. 14. » Le chiffre 14 indique l'âge de l'étudiant ; or, quelques lignes plus loin, M. Fernandez dit que l'inscription du registre appartient à l'année 1616. Donc le Pedro Calderon d'Alcalá n'est pas le nôtre, qui, en 1616, avait seize ans, étant né, comme on sait, le 17 janvier 1600. D'ailleurs le premier biographe de Calderon, son contemporain et ami, Vera Tasis, ne sait rien d'un séjour du poète à Alcalá, il le fait passer directement du *Colegio Imperial* de Madrid à l'université de Salamanque.

En 1636 Calderon eut à faire ses preuves de noblesse et de pureté de sang pour obtenir l'*habit* de l'ordre militaire de Saint-Jacques. Cela était connu, mais on ne savait sur cette affaire rien d'autre, sinon qu'il avait réussi dans sa prétention. Le dossier des « informations » récla-

---

[1] Voir la *Memoria de la universidad central al 2° centenario de Don Pedro Calderon de la Barca*. Madrid, 1881, p. 18 à 20.

mées de Calderon pour être admis dans l'ordre a été retrouvé aux Archives Historiques de Madrid, dans une collection provenant du château d'Uclés, ancien prieuré de l'ordre de Santiago. D. Angel Allende Salazar en a communiqué des extraits intéressants [1]. Les informations commencèrent le 5 septembre 1636 : trente-huit témoins furent examinés. L'interrogatoire ne diffère pas de l'interrogatoire ordinaire que les statuts de l'ordre imposaient à tous. Il fallait établir que le postulant était enfant légitime, qu'il était, ainsi que ses parents et ancêtres, vieux chrétien, pur de tout mélange de sang juif, maure ou de converti (*libres de raza alguna, y que no les toca mezcla de judío, moro ó converso en ningun grado, por apartado que sea*), que ni lui ni ses ancêtres n'avaient jamais exercé de métier vil ou manuel (*oficio vil ó mecánico*), qu'il savait monter à cheval, que, s'il avait eu à se battre en duel, il s'était honorablement comporté, qu'il n'était coupable d'aucune faute grave ou honteuse, que ni lui ni ses parents paternels ou maternels, jusqu'au quatrième degré inclusivement, n'avaient jamais été condamnés pour crime d'hérésie par l'Inquisition. Calderon, selon la jurisprudence de l'époque, avait presque une tache dans sa famille. Son père, Diego Calderon, avait exercé la charge d'*escribano de cámara* du Conseil des finances ; or le métier de greffier était réputé vil. Il fallut pour purifier notre poète faire valoir que l'*escribano de cámara* différait notablement du simple greffier, qu'il était « en mejor estimacion » et que plusieurs fonctionnaires de l'ordre de D. Diego avaient obtenu des habits de Saint-Jacques. On se contenta de ces raisons, on obtint une dispense, et la cédule royale fut expédiée le 28 avril 1637. Au dossier sont annexées une généalogie de Calderon qui ne remonte qu'à la seconde génération et une copie de son acte de baptême : ces deux documents n'apprennent rien de nouveau.

Lorsqu'en 1640 les ordres militaires furent appelés à combattre les Catalans révoltés, Calderon dut faire cam-

---

[1] *Boletin histórico*, t. II, p. 25 à 29, et p. 41 à 48.

pagne et s'enrôla, dit-on, dans la compagnie du comte-duc d'Olivares. Le roi n'oublia pas son poète, il lui fit allouer un supplément de solde sur les fonds de l'artillerie. Malheureusement les temps commençaient à être très durs pour les finances du Roi Catholique et il devenait difficile de distraire du budget de la guerre la pension d'un poète. Une lettre de Philippe IV au marquis de Aguila Fuente, capitaine général de l'artillerie, citée par D. Arturo de Oliver Copons [1], nous apprend que « les 360 écus *de entretenimiento* que touche Don Pedro Calderon sur les fonds de l'artillerie seront supprimés : on lui revaudra cela sur d'autres fonds. »

Ce n'est pas un document nouveau que la lettre écrite par Calderon au patriarche des Indes pour s'excuser de ne pas écrire les *autos* de la Fête-Dieu à Madrid. Il y a un peu plus de trente ans que cette lettre a été découverte et publiée par Hartzenbusch [2]. Néanmoins elle a été jugée inédite par D. Marcelino Gesta y Leceta, qui l'a reproduite dans le *Boletin histórico* [3]. Le savant éditeur se demande quelle peut bien avoir été la grâce dont il est question dans cette lettre, grâce d'abord concédée au poète, puis retirée sur les observations d'un personnage qui jugeait incompatibles le sacerdoce et la poésie [4]; il se demande aussi quelle date on doit assigner à la lettre et quelle réponse en reçut Calderon. Au risque d'être taxé de présomptueux pour prétendre en savoir plus long que tous les « centres » auxquels s'est adressé en vain M. Gesta, il me semble qu'on peut essayer de résoudre ces difficultés. Dans le *papel* du poète il est fait mention de D. Luis de Haro comme d'un personnage vivant: donc l'excuse a été rédigée avant le 17 novembre 1661, date de

---

[1] *Memorial de artilleria. Año XXXVII*, 3ª *série*, t. III. *Entrega estraordinaria. Centenario de Calderon*, p. 38. Cet extrait de lettre est tout ce que ledit volume, d'ailleurs intéressant, contient de nouveau sur Calderon.

[2] Tome IV, p. 676, de son édition de Calderon.

[3] Tome II, p. 67.

[4] Calderon fut ordonné prêtre en 1651.

la mort de ce ministre. D'autre part Hartzenbusch a déjà observé que « par le contexte de la lettre on voit qu'elle a été écrite après la célébration, dans le courant de l'année 1652, de fêtes pour la convalescence de la reine Marie Anne, qui, après avoir mis au monde sa première fille, le 12 juillet 1651, eut des suites de couches difficiles. » J'ajouterai qu'elle a dû être écrite *peu de temps* après ces fêtes, car il en est parlé comme d'un événement récent : « No dexé de desdeñarla [la poésie] el dia que tomé el no merecido estado en que oy me veo[1] ; pues para boluer a ella fue necessario que el S[r] D. Luis de Haro me lo mandasse de parte de su Mag[d] en el festivo parabien de la cobrada salud de la Reyna N[a] S[ra]. » Maintenant de quelle grâce Calderon a-t-il voulu parler ? Nous savons par Vera Tasis que le poète fut nommé en l'an 1653 chapelain de *Reyes Nuevos* à Tolède. Or, il est à remarquer que le personnage auquel est adressée la lettre, D. Alfonso Perez de Guzman, patriarche des Indes de 1626 à 1676, était *capellan mayor de Reyes Nuevos*[2]. Il faut en conclure que la *pretension* d'abord accordée, puis momentanément retirée à l'instigation de quelque envieux, était précisément la *capellania* de Tolède. Calderon avait intérêt à se plaindre au patriarche, qui, en sa qualité de grand chapelain, pouvait lui prêter un appui sérieux. Très probablement donc la lettre a été écrite dans les premiers mois de l'année 1653. La réponse fut la nomination royale, et, après avoir obtenu la bonne place qu'il avait sollicitée, Calderon ne songea plus à se retrancher derrière sa *reputacion* pour ne pas écrire les *autos* : il resta, jusqu'à sa mort, le poète ordinaire des fêtes du *Corpus* à Madrid.

Deux autres documents, cette fois inédits, ont encore été publiés dans le *Boletin histórico*[3]. L'un est l'*albalá,*

---

[1] Ces derniers mots indiquent que Calderon n'était pas prêtre depuis bien longtemps, et, en effet, quelques lignes plus loin, il parle de son *nuevo estado*.

[2] *España sagrada*, t. LI, p. 296.

[3] Tome II, p. 79 à 80.

du 13 février 1663, nommant Calderon chapelain de la maison de Castille, *ad honorem* et sans traitement ; Vera Tasis n'avait pas donné la date exacte de cette nomination. L'autre pièce est plus intéressante, c'est la concession au poète vieux et pauvre d'une *racion de cámara en especie*[1], « afin qu'il puisse se nourrir, » dit le document, et « en considération de ses services de tant d'années, de son âge si avancé et de ses très maigres ressources. » Cette *real órden*, datée du 24 août 1679, deux ans avant la mort de Calderon, a été trouvée ainsi que l'*albalá*, dans les archives du Palais Royal, à Madrid, par D. José de Güemes, archiviste de la maison du Roi.

Voilà ce qu'on nous a appris de nouveau sur l'homme. Sur les œuvres et autour des œuvres il s'est publié un amas de dissertations, considérations, divagations, etc. Ne pouvant m'occuper que des travaux qui renferment au moins quelques vues originales et des informations nouvelles, je ne signalerai que pour mémoire deux écrits consacrés à l'examen de l'œuvre entière du poète, qu'on me reprocherait peut-être d'avoir omis de citer. L'*Estudio crítico*[2], de D. Francisco Sanchez de Castro, professeur à Salamanque, est coupé sur le patron de tous les discours académiques à prétentions érudites ; il n'y a rien à en dire, sinon que c'est un discours de plus. Le volume de D. Angel Lasso de la Vega n'est qu'à moitié un écrit de circonstance[3] ; l'auteur nous informe que son étude est tirée d'un ouvrage encore inédit sur l'ancien théâtre espagnol et que les fêtes du centenaire lui ont fourni le prétexte de livrer au public la partie consacrée à Calde-

---

[1] Les mots *en especie*, comme aussi les mots *por su real despensa* qui suivent dans le texte, indiquent, ce me semble, que la ration était livrable en nature (denrées) et non pas en argent.

[2] Imprimé pour la première fois dans un recueil de *Discursos y poesías* en l'honneur de Calderon (Salamanque. Vicente Oliva. 1881. in-4). Une seconde édition a paru à Madrid (Lezcano y C[ia]. 1881. in-8).

[3] *Calderon de la Barca. Estudio de las obras de este insigne poeta.* Madrid, M. Tello, 1881, in-8.

ron. C'est, en somme, une analyse assez plate des princi-
paux drames de Calderon, qui ne témoigne ni de recherches approfondies, ni d'idées personnelles, ni même d'un
goût sûr. Lorsqu'on y lit, par exemple, que le drame
En esta vida todo es verdad y todo mentira mérite
d'être regardé comme une « gran concepcion del génio »
et une « joya de nuestro teatro antiguo, » n'est-on pas
tenu d'admettre, ou bien que l'auteur a cru devoir faire
preuve en cette occasion d'un enthousiasme de com-
mande, ou qu'il est malheureusement dépourvu de tact
littéraire ? Le livre, m'est avis, n'enseignera pas grand'-
chose aux connaisseurs, mais il trouvera sans doute un
certain accueil dans le public qui ne lit pas Calderon ou
le lit peu [1].

D. Marcelino Menéndez Pelayo, le professeur érudit et
lettré délicat, ne pouvait laisser passer sans dire son mot
la grande fête littéraire du mois de mai dernier. Son mot,
il l'a dit dans huit conférences données au cercle de
l'Union Catholique, à Madrid, et le compte rendu de
ces leçons a été revu et publié par l'auteur en huit fascicules [2], dont voici les titres : Calderon et ses critiques,
l'homme, l'époque et l'art, *Autos sacramentels,* drames
religieux, drames philosophiques, drames tragiques,
comédies de cape et d'épée, et genres inférieurs (drames
historiques, mythologiques, *zarzuelas* et *entremeses*) ;
enfin, un résumé de l'œuvre. Je n'apprendrai rien à per-
sonne en disant que cette fois nous avons à faire à un
critique qui pense par lui-même, qui sait traiter une
question d'histoire littéraire et dont le jugement a de la
maturité. Assurément, beaucoup d'idées émises par le
jeune professeur ne lui sont point personnelles, il en est
qui courent le monde depuis un certain temps, et il me

---

[1] De la même farine est l'*Estudio biográfico-crítico* de D. Francisco
A. Commelerán y Gómez, chevalier du Saint-Sépulcre et professeur ordinaire à l'Institut du cardinal Cisneros (Madrid, Perez Dubrull, 1881,
in-8).

[2] Une seconde édition vient de réunir ces fascicules en un seul
volume (Madrid, Murillo, 1881, in-8).

semble même que ses appréciations générales ne diffèrent pas beaucoup de celles qui ont cours parmi les gens
raisonnables, dont le bon sens se refuse à considérer Calderon comme un phénomène surnaturel en dehors de toute
circonstance de temps et de milieu. Mais M. Menéndez
a su digérer ce qu'il a pris au trésor commun, et sur
quelques points il a été de l'avant. Peut-être faut-il
regretter que le docte critique ne se soit pas livré à un
travail de préparation plus méthodique et qu'il ait laissé
imprimer ces leçons telles qu'elles ont été prononcées ;
çà et là un peu plus de précision n'eût pas été de trop,
et, peut-être, en se relisant, aurait-il modifié certaines
assertions aventurées. Je ne puis ici discuter toutes les
vues d'ensemble ni les observations de détail présentées
par M. Menéndez ; je ne ferai que signaler divers
points sur lesquels nous ne pensons pas tout à fait de
même. Pour apprécier sainement l'œuvre de Calderon,
et déterminer la place qui doit lui être assignée dans l'histoire de la poésie dramatique espagnole, il convient de
ne pas se laisser influencer par les jugements des écoles
de critique littéraire ; il faut, autant que possible, se re-
porter par la pensée dans le milieu du poète, examiner
avec soin ce qu'il doit à ses devanciers, et l'impression
que ses drames ont produite sur ses contemporains. « A
mon sens, » dit M. Menéndez, « Lope est un artiste très
supérieur à Calderon, en veine naturelle et féconde, en
inépuisable puissance de création. » C'est mon avis aussi,
mais je n'ajouterais pas : « en poder característico ó de
crear caracteres, » car où sont les caractères créés par
Lope ? Il me semble tout au contraire que Calderon a
perfectionné à cet égard son modèle ; il a au moins ébau-
ché, sinon créé quelques caractères. Continuons. « On
peut dire que tout notre théâtre était en germe dans
Lope. » C'est exact, et je dirais même « en pousse. » Comment expliquer alors que la réputation de l'imitateur et
du continuateur l'ait tant emporté sur celle de l'initia-
teur ? M. Menéndez pense qu'il faut attribuer cela « à
la vigueur et à la grandeur de la conception, à la profondeur des idées théologiques ou morales développées

par Calderon, » qui, de plus, a joui de cet avantage
« d'arriver à être converti en un symbole de race. »
Certes, je ne nierai ni la grandeur ni la profondeur
de quelques conceptions de Calderon ; je ne m'inscrirai
pas en faux non plus contre le « symbole de race, » à
condition, bien entendu, qu'on prenne cette expression
pour ce qu'elle est vraiment, pour une expression d'école,
traduisant l'impression que le théâtre de Calderon a
produite à grande distance et dans un autre milieu que le
sien, car il serait inexact de prétendre que Calderon ait
plus fidèlement que plusieurs de ses devanciers ou contemporains traduit les croyances et les aspirations de sa
nation ; seulement, comme une bonne partie de la matière
dramatique lui était fournie par les poètes ses prédéces-
seurs, qu'il ne lui restait plus grand'chose à inventer, il
a été tout naturellement conduit à systématiser dans les
idées comme dans le style.

L'étourdissante variété de Lope et de Tirso a fait place
à une production beaucoup moins originale mais plus
régularisée, où les sentiments et les passions sont pour
ainsi dire étiquetés ; il y a une théorie de l'amour et de
la jalousie, comme il y a une théorie de l'honneur, à
laquelle l'action dramatique doit forcément se soumettre.
Le procédé n'est pas des plus délicats, il est même dans
bien des cas très faux, car les passions humaines ne se
laissent point ainsi résoudre en un certain nombre de
formules ; mais il va de soi qu'à distance il produit plus
d'effet : comme tant de choses de la vie du passé nous
échappent, nous donnons volontiers la préférence aux
tableaux dont le dessin est plus fortement tracé et la
couleur plus épaisse. Reste à savoir si les contemporains
jugeaient comme certains critiques de nos jours. Sans
doute Calderon a été beaucoup fêté de son vivant. « Le
roi et les grands l'applaudissaient, la populace la plus
infime (?) le comprenait, ses jeux d'esprit étaient goûtés
de tous ; » enfin, dit encore M. Menéndez, « Calderon
a régné en souverain pendant tout le xviie siècle. » Mais,
outre qu'il faut savoir lire un peu entre les lignes dans
les éloges pompeux publiés le lendemain de la mort du

poète, ou plutôt, comme toujours en Espagne, savoir ramener au positif le superlatif des épithètes dans ce genre de littérature, je me figure qu'une partie de l'encens brûlé en l'honneur du poète s'adressait au *palaciego*, à l'auteur des grands drames à machines du Buen Retiro, au protégé du roi et de puissants *títulos*, et au fournisseur constant des chars de la Fête-Dieu. Calderon, ne l'oublions pas, a été surtout un poète de cour, par ses attaches personnelles et une partie de ses compositions, et, en même temps, un poète madrilène, par ses *autos*. Il est vrai qu'il a fini par remplacer Lope et les autres poètes dans l'engouement du public pour la *comedia*, mais cela tout simplement parce qu'il est venu après ces autres, qu'il a continué un genre qui plaisait fort à ce public, et non point pour les raisons esthétiques ou philosophiques invoquées par les schlégéliens ou hégéliens, les vrais inventeurs du « symbole. »

M. Menéndez a donné un aperçu intéressant de Calderon aux prises avec les écoles de critique du xviiie siècle et de notre temps. A propos des travaux de l'école historique allemande, il aurait pu mentionner une étude très savante de M. Léopold Schmidt sur les drames mythologiques de Calderon [1]. Le critique allemand s'est donné beaucoup de peine pour retrouver les sources de la mythologie de notre poète ; il se pourrait bien pourtant qu'au lieu de s'inspirer directement d'Ovide ou des mythographes modernes, tels que Boccace, Gyraldus et Natalis Comes, il se soit le plus souvent adressé au *Teatro de los dioses* de son contemporain Fr. Baltasar de Vitoria. « De la France nous ne parlerons pas, » dit M. Menéndez, car en ce pays on n'a rien fait de plus que de traduire quelques œuvres de Calderon et publier des études fort légères, remarquables plutôt par leur *brillantez francesa* que par une véritable profondeur ; ainsi l'étude de Viel-Castel, sur l'idée de l'honneur dans

---

[1] *Ueber Calderon's Behandlung antiker Mythen* dans le *Rheinisches Museum*, nouvelle série (1855), t. X, p. 313 à 357.

le théâtre espagnol[1]. » Il n'aurait pas fallu omettre ici le nom de M. Viguier ; mais le professeur espagnol, comme on le verra tout à l'heure, n'a qu'une connaissance de seconde main des travaux de cet homme si distingué. Quant à l'étude de Viel-Castel, elle peut ne pas avoir épuisé le sujet ; cependant, comme les Espagnols n'ont encore rien écrit de plus profond sur la matière, il convient de ne pas faire fi de ce peu.

Dans le second fascicule sur « l'homme, l'époque et l'art, » je remarque une définition de la société espagnole au xvie siècle qui me laisse des doutes. M. Menéndez distingue trois sentiments fondamentaux de cette société : le sentiment religieux, le sentiment de l'honneur et le sentiment monarchique ; le sentiment religieux domine les deux autres et fait de l'Espagne une véritable nation catholique, mieux que cela, « une nation de théologiens », toujours armés en guerre contre l'hérésie, qu'elle vienne du nord ou du midi, de la Réforme ou de l'Islam. Jusqu'ici je n'ai rien à dire, mais M. Menéndez veut encore que l'Espagne du xvie siècle ait créé « un grand principe d'unité catholique et *latine,* de résistance contre le nord (?) et contre l'hérésie et la barbarie, » il veut que les guerres espagnoles du xvie siècle aient été « à la fois des guerres de résistance et de défense contre les erreurs théologiques, et des guerres *latines* contre l'élément germanique. » Le *latinisme,* Dieu soit loué, n'a rien à faire ici, c'est une idée toute moderne dont nos pères ne se doutaient pas, et l'histoire montre assez, ce me semble, que Philippe II, lorsqu'il versait le sang de ses ennemis ou de ses sujets, ne s'informait guère si ce sang était germain ou latin. Plus loin, M. Menéndez insiste sur le caractère démocratique de la société espagnole à cette époque, avec raison, quoiqu'il ne faille rien exagérer. Ainsi, je ne puis admettre qu'on dise que « l'aristocratie était alors politiquement annulée. » En

---

[1] Cette étude est intitulée : « De l'honneur comme ressort dramatique dans les pièces de Calderon, Rojas, etc. » (*Revue des Deux-Mondes,* 1er février 1840).

tant que classe, l'aristocratie n'avait certainement pas la même importance qu'en France, en Angleterre ou en Allemagne ; mais, individuellement, les membres de cette aristocratie jouissaient et jouirent longtemps encore d'une énorme influence. Sous Charles-Quint et Philippe II, les gens de robe avaient, il est vrai, envahi les conseils de la monarchie ; la noblesse n'en conservait pas moins toutes les autres hautes situations politiques. Le *titulo* était vice-roi, ambassadeur, commandant d'armée, amiral. Socialement aussi, comment nier la puissance de cette noblesse qui intervenait dans tout ? N'était-ce pas elle qui hébergeait et nourrissait cette cohue immense d'*hidalgos* errants et affamés ? Les gens de lettres en particulier, à l'exception des professeurs d'université ou de ceux que l'Eglise avait accueillis, ne vivaient-ils pas tous aux crochets de quelque duc, marquis ou comte ? Peu ou point de bourgeoisie, surtout en Castille, c'est vrai ; tout le monde *hidalgo*, sauf les descendants présumés de Juifs ou de Maures, et les misérables tout à fait abjects, d'où un sentiment d'égalité répandu dans la masse, qui se croyait de bonne foi tout entière sortie des cavernes du roi Pelayo, encore vrai ; mais il ne faudrait pas en conclure que cet esprit égalitaire détruisît la hiérarchie sociale ni supprimât les grandes prérogatives et l'influence dans les affaires de l'Etat ou dans la vie privée de la haute noblesse.

Les fascicules suivants sont consacrés à la classification du théâtre de Calderon et à des analyses rapides de ses drames les plus importants. Pour discuter toutes les appréciations de M. Menéndez sur la valeur littéraire et dramatique de ces œuvres, il me faudrait pouvoir disposer d'un bien plus grand espace, car il m'arrive rarement d'être entièrement du même avis que le professeur de Madrid. D'ailleurs, à quoi bon discuter ? L'Espagnol est trop séparé du Français par son éducation et un monde d'idées que lui a légué le passé, pour qu'il ait chance d'arriver à s'entendre complètement avec son voisin géographique sur les questions d'art et de littérature. Pour nous en tenir à ces dernières, M. Menéndez

2

n'avoue-t-il pas que Molière lui parait « pédant » et
« soporifique ? » A nous la *comedia* espagnole, avec son
idée première, parfois originale ou profonde mais incom-
plètement conçue, son plan si souvent mal tracé, ses
interminables tirades lyriques et son vers sautillant, à
nous, dis-je, la *comedia* nous produit presque toujours
l'effet d'une belle symphonie de l'école harmonique jouée
sur une guitare : l'instrument ne répond pas à l'ampleur
des conceptions et aux prétentions du compositeur. Si
nous voulons être sincères, nous devons reconnaitre qu'à
part quelques drames *à types* tels que *Don Juan* et les
comédies de caractère d'Alarcon, la *comedia* n'a pour
nous qu'un intérêt purement historique. Aussi, dans nos
discussions avec les critiques espagnols, vaut-il mieux
nous en tenir aux questions de faits et de dates, car là,
au moins, on arrive à se mettre d'accord. Pas toujours,
cependant, comme je le vois à regret dans les pages que
M. Menéndez a écrites sur le drame *En esta vida todo es
verdad y todo mentira* et l'*Heraclius* de Corneille. A en
croire notre professeur, il semblerait que la question n'a
pas fait un pas depuis Voltaire.

Voici, en résumé, la thèse de M. Menéndez.

L'argument fondé sur la date de publication des deux
pièces « ne prouve rien » ; les éditions primitives de
drames espagnols « ont disparu pour la plupart » ; rien
d'étonnant, par conséquent, que la pièce *En esta vida*
apparaisse pour la première fois « dans l'une des premières parties de Calderon, publiées par son frère » (*sic*);
on peut supposer aussi que la pièce a été envoyée en
France à l'état de manuscrit, « car les *comedias* espagnoles passaient fort souvent la frontière avec les compagnies d'acteurs espagnols qui jouaient à Paris [1]. » Cal-

---

[1] Et M. Menéndez continue : « Entre autres exemples on peut rap-
peler qu'à la bibliothèque de l'Arsenal existent des manuscrits de la
comedia de *Hado y divisa* et de *El segundo Scipion*, très antérieurs
en date aux premières éditions connues, et *il est prouvé* que ces deux
pièces furent représentées à la cour à Paris. » A cela je réponds que
la bibliothèque de l'Arsenal possède, non pas deux, mais quatre manuscrits de pièces de Calderon : *El segundo Scipion*, « fiesta que se

deron ne savait pas le français. Dans l'*Heraclius* comparé
à *En esta vida*, on remarque un plus grand respect de
l'histoire et « certaines modifications heureuses dans le
plan et le sujet qui trahissent de travail de quelqu'un
qui améliore l'ouvrage d'un autre. » Si Calderon avait
imité Corneille, il n'aurait pas, par pur caprice, défiguré
l'histoire. D'ailleurs, « le véritable modèle de Calderon
est un drame de Mira de Amescua, intitulé *La rueda de
la fortuna*, où l'on trouve non seulement quelques-uns
des personnages, mais aussi quelques-unes des scènes les
plus intéressantes de *En esta vida*. » Cette dernière pièce
« n'a, en réalité, qu'un premier acte construit avec beaucoup d'habileté dramatique, et, dans cet acte, une situation de premier ordre... que Corneille a non seulement
imitée, mais *traduite à la lettre*, et c'est presque la seule
bonne chose qu'il y ait dans l'*Heraclius*. » Enfin, une
autre « preuve indirecte que Calderon a fondé son drame
sur celui de Mira de Amescua, et en aucune manière sur
celui de Corneille, c'est qu'il a traité dans un autre drame,
intitulé *La exaltacion de la Cruz*, l'histoire de l'empereur Héraclius d'une façon très conforme à l'histoire, ce
qui interdit de supposer qu'il ait pu ensuite montrer une
si crasse ignorance dans le drame *En esta vida*, composé
longtemps après, s'il l'on s'en tient à la date de l'édition. »
Tout cela, je suis fâché de le dire, est fort léger. En
premier lieu, M. Menéndez devait lire le premier travail

representó en festivo obsequio de los felizes años del segundo Carlos
de Austria, » en 1676, et à Madrid ; *La Serpiente de metal*, « auto...
que se representó á las Catholicas Magestades Carlos II y Dª Mariana
de Austria, » en 1676, et à Madrid ; *Tetis y Peleo*, « que se representó en Palacio, en 4 de noviembre de 1676 ... el dia del nombre
del Rey Nro Sor ; » *Hado y divisa de Leonido y de Marfisa*, que se
hizo á sus Mdes Don Carlos II y Dª Maria Luisa en el coliseo del Buen
Retiro, el dia 3 de marzo del año 1680. » *Il est prouvé* que ces pièces
n'ont pas été représentées à Paris, par cela seul qu'elles sont toutes des
années 1676 ou 1680, et que la dernière troupe espagnole venue en
France en 1660, après le mariage de Louis XIV et de Marie Thérèse,
quitta Paris (ou plutôt la cour, car depuis longtemps elle était uniquement entretenue par la reine) en l'année 1674. Voir Despois, *Le
Théâtre français sous Louis XIV*, p. 70 et suiv.

de M. Viguier[1], qu'il n'a connu que par les notes de l'édition Hartzenbùsch ; il aurait dù lire également la réponse de M. Viguier à Hartzenbusch, qu'il n'a pas connue du tout[2], et je suis assuré qu'après cette lecture le bon esprit de M. Menéndez ne se serait pas refusé à reconnaître l'excellence des raisons alléguées par le critique français. Mais suivons pas à pas l'argumentation de M. Menéndez. D'abord, le côté externe ou bibliographique de la question. Il n'est point permis, comme l'admet si facilement notre professeur, de supposer l'existence d'une édition de *En esta vida* antérieure à celle de 1664. Pour s'en convaincre, il suffit d'ouvrir le volume de cette dernière édition, qui, pour le dire en passant, n'a pas été publié par le frère de Calderon, mais par D. Sebastian Bentura de Vergara Salzedo, probablement aux frais du marquis d'Astorga, D. Antonio Pedro Alvarez Ossorio, à qui il est dédié. Voici ce qu'on trouve dans la dédicace de Calderon[3] :

« Por el papel, Exmo S^{or}, que sigue á este pequeño humilde culto de mi obligacion y de mi afecto, verá V. E. las razones con que Don Sebastian Bentura de Vergara Salzedo, mi mas apassionado amigo, se ha movido á sacar estas doze comedias de sus originales, procurando (segun dize) restaurarlas de los achacados errores *que padecen otras en la estampa* (como sino

---

[1] Imprimé pour la première fois à Rouen en 1846, puis inséré dans un volume intitulé : M. Ep. Viguier, *Fragments et correspondance*, Paris, 1875, p. 32 et suiv.

[2] Cette réponse se trouve dans le tome V du Corneille des *Grands écrivains de la France*, et dans le volume *Fragments et correspondance*, p. 202 et suiv.

[3] L'édition de 1664 était demeurée inconnue à Hartzenbusch lorsqu'il préparait son travail. L'existence lui en fut révélée par M. Viguier, qui, lui-même, n'a pas fait usage des renseignements contenus dans les pièces préliminaires. M. Menéndez ne les a pas consultées non plus et semble s'en être rapporté à Vera Tasis, qui, dans le prologue de la *Tercera parte* de son édition, a complètement faussé les déclarations explicites de Calderon et de Vergara Salzedo ; voir la préface du tome III de l'édition de Vera Tasis dans Hartzenbusch, t. I, p. **XXIV**.

les bastaran los mios, sin que necessitaran, para su desdoro, de que nadie les añadicra los agenos), y esto en tanto grado que aun las que fueron mias, sin muchas que sin serlo andan en nombre mio, no conservan de averlo sido mas que el nombre. Bien deviera agradecerle la fineza de que, ya que ayan de salir hurtadas, agenas y defectuosas, salgan corregidas, enmendadas y cabales. »

Dans le *papel* de Vergara Salzedo, qui est daté du 2 août 1664, on lit :

« Señor D. Pedro, no solo yo, sino quantos aplauden y veneran por primeras las comedias de V. M. sienten el que anden diminutas y llenas de errores de la imprenta, assi las sueltas como las que en partes diferentes de libros se han dado estos años á la prensa ; y tambien el que muchas buelen con el nombre de V. M., no lo siendo, y algunas de V. M. con el ageno ; motivo bastante para que, fiado en la merced que me haze, resolviesse recoger estas doze, y darlas á la estampa, *por eximirlas del riesgo que las demas han padecido.* »

Si les mots ont un sens, il est désormais hors de doute que les *comedias* de ce volume étaient toutes inédites avant le 9 août 1664, date de la *tasa* du recueil. Mais un manuscrit de *En esta vida* a pu passer en France, dit ici M. Menéndez. J'en conviens, mais si l'on veut entrer dans le domaine des hypothèses en l'air, tout devient possible. [1] — Passons aux preuves internes. Si tout à l'heure j'ai dû reprocher à M. Menéndez de n'avoir pas pris la peine de lire les préliminaires du recueil Vergara Salzedo, ici je dois m'étonner qu'il n'ait lu, avant d'écrire, ni la préface ni l'*examen* d'Heraclius, et qu'il ait suivi aveuglément l'opinion de M. Schack, auteur d'un fort bon ouvrage (quoique arriéré aujourd'hui) sur le théâtre espagnol, mais malheureusement atteint d'une sorte de misogallisme littéraire, plus ridicule encore qu'in-

---

[1] Hartzenbusch (t. IV, p. 660) cite un manuscrit de *En esta vida* qui appartient au théâtre *del Príncipe.* De quelle date est ce manuscrit ?

juste. M. Schack ayant décidé que la seule bonne partie de l'*Heraclius* était traduite de l'espagnol (simplement parce que cette partie est bonne, et le reste, à son avis, détestable [1]) et que l'argumentation de Hartzenbusch l'avait pleinement convaincu, tous les Espagnols ont avec empressement emboîté le pas, même ceux qui se piquent d'indépendance. Il est vraiment inutile de répéter ici ce qui a été si bien développé par M. Viguier. Résumons pourtant en deux mots son exposé. Corneille a indiqué la source où il a pris le sujet de sa tragédie : les *Annales* de Baronius à l'année 602 ; puis il a minutieusement expliqué les changements qu'il a cru devoir faire au récit de l'annaliste : à savoir la substitution de l'enfant de la nourrice (gouvernante dans Corneille) au fils de Maurice, qui se nommera Héraclius, « car il vaut mieux supposer à l'Héraclius de l'histoire une telle naissance que de changer la succession authentique des empereurs de Constantinople ; » la création du personnage de Martian, fils de Phocas, confié à la gouvernante Léontine, et auquel elle substitue à son tour Héraclius, qui devient ainsi prince impérial ; la création du personnage de Pulchérie, fille de Maurice, épargnée par Phocas, et du personnage d'Eudoxie, fille de Léontine. Tout, dans ce plan, est savamment combiné pour faire aboutir l'action au dénouement conçu par le poète, tout y est étudié et préparé, notamment la fameuse situation où le fils de Phocas et le fils de Maurice ambitionnent tous deux d'appartenir à l'empereur égorgé plutôt qu'à son bourreau. Et l'on veut, après cela, que Corneille se soit inspiré pour écrire cette scène d'une pièce espagnole inédite, où se trouve, c'est vrai, une scène d'une conduite analogue, mais différant de la scène de Corneille par les rôles des deux fils qui y sont autrement motivés et développés ! Un tel emprunt est en soi si invraisem-

---

[1] Nous, en France, nous trouvons que la tragédie de Corneille est une pièce trop compliquée mais singulièrement forte, pleine de belles situations et d'admirables vers, tels qu'on n'en a pas fait beaucoup de l'autre côté des Pyrénées.

blable qu'il n'est point nécessaire d'insister encore sur le fait que Corneille n'a pas dit un mot de la *comedia* espagnole qu'on désigne comme son modèle. Ce nouvel argument serait très fort, car chacun sait que notre grand poète a toujours, avec la plus entière loyauté, reconnu et proclamé ce que lui avaient fourni les auteurs espagnols ; mais, je le répète, nous pouvons nous en passer. Jusque ici, dira-t-on, la vraisemblance est tout en faveur de l'originalité de Corneille ; pourtant, il reste les vers célèbres : *O malheureux Phocas ! O trop heureux Maurice !* etc., qui se retrouvent, à la lettre, à la fin du premier acte de *En esta vida.* Comment se tirer de là ? Il est évident que l'un des deux a copié l'autre ; car s'il est admissible que les deux poètes soient arrivés indépendamment l'un de l'autre à la grande scène des fils, une coïncidence si complète de pensée et d'expression ne s'explique que par un emprunt. En concluerons-nous que Calderon a copié Corneille, puisque l'inverse est invraisemblable ? Pourquoi pas ? On a beau dire qu'au xviie siècle c'est l'Espagne qui exporte les articles littéraires en France et non pas, comme au moyen âge, au xviiie et au xixe siècle, la France qui exporte en Espagne ; on a beau dire que Calderon ne savait pas le français. Il n'en est pas moins vrai que la gloire de Corneille avait parfaitement franchi les Pyrénées, comme le prouve l'exemple de Diamante, qui, en 1659, publie une imitation du *Cid.* Puis on n'ignorait pas tant que cela notre langue en Espagne vers le milieu du xviie siècle : des littérateurs tels que Quevedo et Gracian la connaissaient bien [1], et l'on conviendra qu'il ne fallait pas beaucoup de français pour traduire trois vers. Je crois donc qu'il n'est point téméraire de reconnaitre ici un emprunt — exceptionnel, mais justifié par la grande réputation de l'auteur original — d'un passage d'une tragédie française par un poète espagnol. Restent les deux derniers arguments. Calderon, dans *En esta vida,* aurait suivi de très près une *comedia* de Mira de

---

[1] Quevedo a même traduit l'*Introduction à la vie dévote* de saint François de Sales.

Amescua intitulée *La rueda de la fortuna*, et publiée en 1615, où sont mises en action dramatique les dernières années du règne de l'empereur Maurice, et, à la fin, l'élévation de Phocas, sa chute et l'avènement d'Héraclius. Cet argument n'a aucune valeur, attendu que si *La rueda de la fortuna* a pu donner à Calderon l'idée de tirer de l'histoire tragique de Maurice et de Phocas la matière d'un drame, et lui fournir quelques traits accessoires, étrangers à l'action principale, qui se trouvent au début du premier acte, ce drame ne contient rien qui ressemble même de loin à la situation commune à Corneille et à Calderon, sur laquelle porte uniquement le débat. Enfin, le dernier argument, si possible, encore plus nul. Dans l'*Exaltacion de la cruz*, Calderon a exposé la seconde invention, par Héraclius, de la vraie croix perdue depuis le temps de Sainte Hélène. Ce drame, dit Hartzenbusch [1], « a été composé, au plus tard, en 1644, » — je ne puis ici examiner si cette date est ou non soutenable, mais peu importe — et il en conclut que « la priorité de *En esta vida* sur l'*Exaltacion de la cruz* est chose évidente ; le premier de ces drames traitant de la première partie des aventures d'Héraclius a dû, naturellement, précéder le second », où le même Héraclius figure non plus comme prétendant au trône, mais comme empereur et avec un caractère plus conforme à l'histoire. Inutile de discuter ce raisonnement, il suffit de le citer. Comment M. Menéndez a-t-il pu se laisser séduire par une telle argumentation et épouser une si mauvaise cause ? Je ne me l'explique pas et je compte qu'il voudra bien quelque jour appliquer à une nouvelle étude de la question les ressources de sa vive intelligence et de son vaste savoir [2].

---

[1] Tome IV, p. 663, de son Calderon.

[2] Sachons au moins gré à M. Ménendez d'avoir tu les preuves (?!), fournies par Hartzenbusch, pour nous persuader que *En esta vida* a été composé en 1621 et joué en 1622. M. Léopold Schmidt (note au livre de Valentin Schmidt, *Die Schauspiele Calderon's*, p. 524) tient avec toute raison ces preuves pour « une simple hypothèse. » Il était réservé au seul M. Schack de les trouver « évidentes. »

Sur la façon dont le professeur de Madrid apprécie *La vida es sueño*, j'aurais aussi mes réserves à faire, mais il faut s'arrêter. Bien qu'il y ait dans le travail de Menéndez des faiblesses et des traces d'une composition hâtive, je ne saurais trop en recommander la lecture aux amateurs de littérature espagnole ; c'est de beaucoup ce qu'on a écrit en Espagne de plus complet, de plus sensé et de plus original sur le grand poète, dont tant ont parlé à tort et à travers sans rien comprendre à son œuvre.

Les académies qui siégent à Madrid ont voulu comme de juste prendre part à la fête ; plusieurs même ont mis au concours des questions historiques ou littéraires concernant soit Calderon, soit son époque [1]. L'Académie de l'Histoire a proposé le sujet suivant : «Quelles relations la critique historique établit-elle entre le sujet du *Mágico prodigioso*, de Calderon, et celui du *Faust*, de Gœthe, après examen des traditions anciennes et des légendes du moyen âge dont ont pu s'inspirer les deux poètes ? » Il semblera étrange qu'en 1881 une académie juge utile de mettre au concours une question, jadis un instant agitée, mais depuis fort longtemps résolue. De rapports littéraires et philosophiques entre les deux ouvrages il en existe, sans doute, qui vraisemblablement feront encore couler beaucoup d'encre ; de rapports historiques il n'en existe aucun, et la meilleure réponse à faire à l'Académie était : *ninguna*. L'autèur de la dissertation couronnée, D. Antonio Sanchez Moguel, professeur à l'université de Saragosse, l'a si bien compris, qu'il a relégué à la fin de son mémoire la discussion du thème proposé, et que, sur huit chapitres, il a jugé suffisant d'en donner deux à ces prétendues « relaciones » du *Mágico* et du *Faust*. Je ne m'occuperai pas de ces deux chapitres qui ne renfer-

---

[1] La luxueuse publication de l'*Academia Española*, purement littéraire (des vers, beaucoup de vers), étant en dehors de mon cadre, je n'ai rien à en dire ; qu'il me soit permis cependant de regretter que la docte compagnie ait, en cette occurrence, entièrement négligé le côté érudition, et qu'une si lourde somme de *pesos fuertes* et *muy fuertes* ait été dépensée à imprimer des choses à coup sûr splendides, mais d'une utilité trop contestable.

ment que des choses universellement connues, du moins
hors d'Espagne. Les six premiers, consacrés à l'étude de
la légende de saint Cyprien d'Antioche, source du *Mágico,* et à l'histoire de ce drame sont plus intéressants.
Après une introduction sur le drame religieux espagnol
du commencement du xviie siècle, et les *comedias de
santos,* M. Moguel recherche (chap. II) si Calderon, au
lieu de remonter à la légende de saint Cyprien telle que
la lui offrait l'hagiographie latine ou vulgaire, n'a pas pu
s'inspirer directement de drames antérieurs ou contemporains. Dans une édition du *Mágico prodigioso* que j'ai
donnée il y a quatre ans, je n'ai pas traité cette question
et j'ai eu tort ; mes conclusions n'auraient pas été con-
formes à celles que nous donne aujourd'hui M. Moguel.
Le lauréat de l'Académie rappelle que deux critiques
espagnols, MM. Mesonero Romanos et Valera, en généra-
lisant des observations de M. Schack, ont prétendu que
Calderon, dans le *Mágico,* a imité son devancier, le
poète dramatique contemporain de Lope, Antonio Mira
de Amezcua. Aux affirmations de ces critiques, M. Moguel oppose « résolûment » : 1° Que *El Hermitaño
galan,* drame que ces critiques pensent avoir été plus ou
moins copié par Calderon, n'est pas de Mira de Amezcua,
mais bien de Zabaleta, « qui commença sa carrière dramatique et à écrire ses premières *comedias* en 1644,
c'est-à-dire sept ans après la composition du *Mágico* » ;
2° qu'entre *El Hermitaño* et le *Mágico* n'existent « ni
rapports ni ressemblances essentielles d'aucun genre. »
Puis il ajoute qu'on a confondu à tort *El Hermitaño
galan* avec *La Mesonera del cielo,* autre drame de l'époque ; les deux pièces ont un même sujet, mais les situations diffèrent, et c'est *La Mesonera,* œuvre de Mira de
Amezcua, comme le montre « clairement » le style, qui a
servi de modèle à l'autre. Sur ce dernier point je ne dis-
cuterai pas, n'ayant jamais réussi à voir la *Parte X,* où se
trouve *El Hermitaño galan ;* je remarquerai toutefois
que M. Moguel aurait dû prouver l'attribution de cette
dernière pièce à Zabaleta, il ne suffisait point de l'affirmer résolument. D'ailleurs, cela importe peu, puisque

le passage imité par Calderon est commun (je le vois par Schack [1]) à *La Mesonera* et à *El Hermitaño*. Dans son analyse des deux drames, M. Moguel ne devait pas omettre de signaler ce passage, un long récit du démon, commençant, dans *La Mesonera*, par ce vers :

Yo soy, para no cansarte...

C'est, sans contestation possible, la source directe du passage du *Mágico* (v. 1692 et suiv. de mon édition) :

Yo soy, pues saberlo quieres, etc.

M. Schack a, de plus, indiqué un autre emprunt de Calderon à un autre drame de Mira de Amezcua, *El esclavo del demonio ;* c'est la scène où Cyprien, portant dans ses bras une forme humaine qu'il croit être Justine, découvre, en lui enlevant son manteau, qu'il ne tient qu'un squelette. Une scène toute semblable se trouve dans le drame d'Amezcua [2]. Les critiques tancés par M. Moguel n'avaient donc pas beaucoup exagéré en prétendant que Calderon s'était inspiré de son prédécesseur ; deux scènes copiées presque à la lettre, c'est bien quelque chose. Pour passer ensuite du particulier au général, je ne pense pas du tout qu'il y ait lieu de reprendre ceux qui voient dans Calderon un continuateur et un remanieur plutôt qu'un créateur. Sans nier la part d'originalité qui se fait jour dans ses œuvres, on ne saurait toutefois méconnaître que beaucoup de ses drames ne sont guère que des renouvellements de productions de la première époque. Il ne pouvait en être autrement. Tous ces auteurs de *comedias,* entraînés, essoufflés par un public toujours plus avide de représentations dramatiques, étaient hors

---

[1] *Geschichte der dramatischen Literatur und Kunst in Spanien,* t. III, p. 55.

[2] Il est vrai de dire que la *Legenda aurea,* au chapitre CXLII, *De sancta Justina Virgine,* contient un passage qui pourrait bien avoir servi d'original à Calderon ; ce passage commence par les mots : « Videns dyabolus quod nihil proficeret, in formam Iustinae se transmutavit, » etc.; mais il n'est pas absolument prouvé que Calderon se soit servi de la *Legenda,* voir plus bas, p. 36, note.

d'état de lui donner sans cesse du nouveau, de l'original. L'effort colossal de Lope, qui avait presque tout tiré de son propre fonds, ne pouvait se répéter indéfiniment, il devait arriver un moment où la source tarirait. Calderon marque l'avènement de la seconde époque, qui reprend en sous-œuvre l'énorme production antérieure et ne crée du nouveau qu'accidentellement. N'oublions pas que les notions de plagiat et de propriété littéraire n'avaient point en ce temps la précision qu'elles ont acquise par la suite. Un drame, aussitôt après sa publication, que dis-je ? sa représentation, entrait dans le domaine commun, se perdait dans la masse, l'auteur souvent l'oubliait, et si un confrère trop pressé ou peu inventif jugeait commode de s'approprier quelques morceaux de l'œuvre en circulation, nul n'y trouvait à redire, pas même l'auteur.

Ainsi, Calderon a pris deux scènes à Mira de Amescua. D'où lui vient le reste, c'est-à-dire le sujet et les autres situations du drame ? On sait depuis longtemps que le sujet du *Mágico* est la légende de saint Cyprien d'Antioche, ce qui n'était pas difficile à découvrir, Calderon, dans sa *comedia*, ayant conservé les noms des deux héros de la légende, Cyprien et Justine. Jusqu'ici on admettait que Calderon avait puisé sa connaissance de la pieuse histoire dans la version rédigée au xe siècle, dit-on, par Siméon Métaphraste, et mise en latin, au xvie siècle, par l'évêque Lipomanus, ou bien dans une version en langue vulgaire plus rapprochée du drame que ce texte latin [1]. Les recherches de M. Moguel ont, comme on va le voir, complété et précisé les résultats obtenus avant lui. Le professeur de Saragosse commence par traiter de la légende de saint Cyprien dans l'ancienne hagiographie, puis il décrit plusieurs versions espagnoles dérivées des textes latins et, en dernier lieu, cherche à déterminer la source

---

[1] L'académicien rapporteur du concours n'aurait pas mal fait de se mettre un peu au courant de la question avant de prétendre que Valentin Schmidt et moi avons nié l'existence de textes castillans de la légende de saint Cyprien. C'est si commode de parler au hasard !

immédiate du *Mágico*. Dans le chapitre III, le plus faible du mémoire, M. Moguel a essayé un groupement des textes latins en *version orientale* et en *version occidentale,* qui ne repose sur aucun fondement solide. D'après notre érudit, le point capital qui marque la différence des deux versions est un trait du caractère ou plutôt de la conduite de Cyprien. Dans la première version (orientale), le magicien Cyprien n'est qu'un vulgaire entremetteur, tirant parti de son *ars magica* pour contenter un ami désireux de posséder Justine. Dans l'autre version (occidentale), Cyprien commence aussi par servir la passion de l'ami Aglaïdas, mais il est lui-même séduit par la beauté de Justine, il renonce aussitôt à son premier rôle et emploie toutes les ressources des sciences occultes pour s'attirer l'amour de la vierge ; Aglaïdas est ici un personnage tout à fait secondaire, il arrive même à ne plus compter du tout. Cette thèse, présentée avec tant d'assurance, est non seulement contredite par les faits, elle est contredite par M. Moguel lui-même. Il reconnaît, en effet, quelque part (p. 46) que les « deux versions entièrement différentes, toutes deux d'origine ancienne, sont toutes deux connues de l'église grecque et de l'église latine, » puis il parle de la *prédominance* de l'une dans l'église d'Orient et de l'autre dans l'église d'Occident. Mais si l'une et l'autre étaient connues des deux églises, le groupement proposé n'a pas de raison d'être et la prédominance de l'une d'elles en Orient ou en Occident est affaire de pur hasard. D'ailleurs, cette prédominance elle-même n'est pas soutenable, et les faits, je l'ai dit, vont à l'encontre de la théorie. Il est hors de doute d'abord que l'amour de Cyprien pour Justine fait partie de la légende primitive telle qu'elle circulait dans l'église d'Orient vers le milieu du IVe siècle ; le témoignage de Grégoire de Naziance, qui semble même n'avoir rien su d'Aglaïdas et rapporte tout au seul Cyprien, est à cet égard aussi concluant que possible. De même la *Confessio,* texte d'origine orientale, et composé vraisemblablement dans le cours du IVe siècle, mentionne en passant, mais expressément, l'amour dé Cyprien. Si, maintenant, on poursuit l'examen des écrits hagiographiques, la distinction en version orientale et occidentale se confirme de moins en moins. Mais auparavant il serait bon de s'entendre sur la valeùr des termes « version orientale » et « version occidentale. » Tout le monde pensera qu'il s'agit là de textes écrits soit en Orient, soit en Occident, ou adoptés par l'église grecque ou l'église latine. M. Moguel en a décidé autrement. Accordant à la version de Métaphraste plus d'importance qu'elle n'en a, il s'est imaginé que, parce que ladite version ignore le Cyprien amant de Justine, et ne nous offre qu'un mage entremetteur, cette forme de la légende appartient exclusivement à l'Orient. En conséquence, tout recueil de vies de saints ou tout martyrologe qui suit cette forme de la légende est à mettre d'ores et déjà dans le groupe oriental, qu'il ait été ou non écrit ou adopté en Orient. De même en est-il pour l'autre forme, où le magicien complaisant cède la place au magicien travaillant pour son compte ; tout texte qui donne ce caractère au héros de la légende doit figurer dans le groupe occidental, quelle que soit son origine. Voyons d'un peu près les détails de ce classement. Selon M. Moguel, le premier ouvrage où se trouve consigné ce qu'il nomme la version orientale est le Martyrologe de Notker [1]. Mais Notker est une source très dérivée, et rien qu'en lisant la dissertation des Bollandistes sur notre saint, M. Moguel aurait vu que le passage de Notker est un abrégé d'Adon de Vienne. Ce dernier et ses contemporains, Usuard et Raban Maure, tous trois occidentaux, suivent la prétendue forme orientale. La seconde version, nommée latine ou occidentale, « parce qu'elle a été le plus généralement suivie dans l'église d'Occident », se trouverait pour la première fois dans les textes du

---

[1] Il est vrai que la mention du martyre de saint Cyprien et de sainte Justine ne se trouve pas dans le *Martyrologium Hieronymianum parvum*, ni, ajouterai-je, dans d'autres martyrologes attribués à saint Jérôme ; mais nos saints figurent dans le *Vetus romanum* (publ. par Rosweyde, Anvers, 1613) qui est d'une belle antiquité.

iv⁰ siècle : la *Conversio S. Justinae et S. Cypriani*, la
Confessio S. Cypriani et le *Martyrium* des deux saints,
et le premier recueil hagiographique de l'église latine où
ladite version aurait été accueillie serait, toujours d'après
notre professeur, le Martyrologe de Bède. Il y a là plusieurs inexactitudes. Les trois textes cités, la *Conversio,*
la *Confessio* et le *Martyrium* sont, sous une forme ou
une autre, grecque ou latine, la source de tout ce qui a
été écrit en Orient ou en Occident sur nos saints, sauf
peut-être de l'homélie de Grégoire de Naziance, et encore
cela n'est pas sûr. Ainsi, le poème d'Eudoxie, le passage
d'Aldhelm dans son *De virginitate seu de laude virgi-
num,* puis les anciens martyrologes d'Occident et Métaphraste se rattachent directement ou indirectement à l'un
ou à l'autre de ces écrits. Il est à remarquer ensuite que
lesdits textes dans leur forme dérivée (la seule qui nous
soit connue) devraient, dans le système de M. Moguel,
appartenir plutôt à la version orientale, puisque l'amour
de Cyprien pour Justine n'y est qu'incidemment indiqué,
et cependant notre critique en fait le point de départ de
l'autre version. Mais le plus étonnant consiste à regarder
Bède comme l'introducteur dans l'église latine de la
« version occidentale. » Or, la mention très laconique
du martyrologe de Bède est conçue en ces termes :
« SS. martyrum Cypriani episcopi et Iustinae, quorum
Iustina sub Diocletiano multa propter Christum per-
pessa, ipsum quoque Cyprianum, cum esset magus et
magiis suis eam dementare conaretur, convertit ad Christum. » Qui réussirait, je le demande, à découvrir là le
plus petit germe de la version où le Cyprien amant de
Justine a remplacé l'entremetteur ? M. Moguel, qui a su
lire entre les lignes, décide qu'à cette « version » de
Bède se rattache, « en un mot, toute l'hagiographie
latine ; » cependant, il a oublié de nous dire comment
les quelques lignes de Bède ont pu fournir un récit de
plusieurs pages à la *Legenda aurea,* par exemple. Il n'y
a pourtant qu'à parcourir la vie de Cyprien et de Justine
contenue dans la célèbre compilation pour s'assurer
qu'elle n'est autre chose qu'un résumé, mis au goût de

l'époque, des anciens textes latins du ivᵉ siècle et non
point le développement du thème de Bède. Ce qui vient
d'être dit suffit à montrer que le professeur espagnol a
fait fausse route en s'imaginant que les formes diverses
de la légende se laissent ramener à deux versions prédo-
minantes, l'une en Orient, l'autre en Occident. L'histoire
de la légende est différente. Nous savons ce qu'elle était
au ivᵉ siècle. A cette époque, Cyprien est non seulement
le mage qui favorise les projets d'autrui, il est aussi
l'amant de la vierge chrétienne. Plus tard et pendant
les premiers siècles du moyen âge, en Orient comme
en Occident, les poètes pieux et les hagiographes sim-
plifient l'histoire en ne tenant pas compte de la trans-
formation du sorcier en galant. Vers le xiiiᵉ siècle envi-
ron, il y a comme un retour à l'ancienne version ; le
texte où se marque le mieux ce retour est la *Legenda
aurea*, qui met bout à bout, pour ainsi dire, et de la façon
la plus maladroite (je l'ai montré ailleurs) les deux rôles
de Cyprien. En arrivant au xviᵉ et au xviiᵉ siècle, nous
trouvons, d'une part, que la juxtaposition de la *Legenda
aurea* a abouti à une fusion, le passage du premier rôle
au second est plus nuancé, mieux motivé, et parmi les
hagiographes de l'époque, il en est même qui ne veu-
lent connaître que le magicien épris de Justine et renon-
cent tout à fait au magicien entremetteur ; d'autre part,
la traduction latine du texte grec de Métaphraste a mis
en circulation une forme de la légende où ce dernier rôle
est seul admis, à l'exclusion de l'autre.

Les versions espagnoles de la légende de saint Cyprien
n'avaient pas encore été étudiées. Dans l'impossibilité
d'expliquer par le texte de Métaphraste quelques traits
du *Mágico*, j'avais admis que le poète avait pu s'inspirer
soit de la *Legenda aurea,* soit d'une « version en langue
vulgaire, jusqu'ici inconnue ; » mais en même temps
j'avais commis l'étrange erreur d'affirmer que ni Alfonso
de Villegas ni Pedro de Rivadeneira, les hagiographes
espagnols les plus connus, n'avaient traité de notre saint.
Il se trouve que j'avais fort mal cherché et que ces auteurs ont l'un et l'autre inséré la légende de saint Cyprien

dans leurs recueils. Je dois demander pardon à mes lecteurs de ce *lapsus* et remercier M. Moguel de l'avoir corrigé. Le professeur de Saragosse a, de plus, fait connaître d'autres textes vulgaires inédits ou imprimés [1]. D'abord trois versions attribuées par l'éditeur au xive et au xve siècle, librement traduites de la *Legenda aurea* et de Petrus de Natalibus [2], puis quelques récits imprimés des xvie et xviie siècles.

M. Moguel arrive enfin au point culminant de son étude sur les origines du *Mágico*. « Calderon, dit-il, n'a pu suivre en aucune façon la version orientale, il a suivi la version occidentale ou latine, universellement adoptée par l'Eglise catholique, en Espagne comme ailleurs, et en même temps la plus belle. » Pour préciser davantage, M. Moguel indique que le récit vulgaire qui présente le

---

[1] Il signale aussi un manuscrit latin de Tolède, du xiie siècle, qui renferme un texte de la *Conversio* et du *Martyrium*, et un recueil de *Flores sanctorum* (xiiie ou xive siècle), de la bibliothèque de Tolède aussi. Ce dernier manuscrit a appartenu à Alfonso de Villegas. M. Moguel est convaincu que ce recueil a été utilisé par Villegas, pour son *Flos sanctorum*. Il eût été très intéressant de savoir d'une façon précise si le personnage de Cyprien est déjà traité dans ce texte du moyen âge comme il l'a été plus tard par l'hagiographe du xvie siècle.

[2] Ces vieux textes sont assez incorrects. P. 182, l. 8 du bas, *un*, lire *mi*. — P. 183, l. 2 du bas, *apresçiole*, lire *aparesçiole*. — P. 184, l. 15 du bas, *la*, lire *lo*. — P. 186, l. 2, *iglia*, lire *iglesia*, le signe d'abréviation a été oublié. — Ibid., l. 4, *cierto io yo*, lire *cierto yo sé*. — Ibid., l. 11, *virgins*, lire *virgines*. — P. 188, l. 7, *adufiste*, lire *adusiste*. — Ibid., l. 6 et 18, supprimez la virgule après *dijole*. — P. 189, l. 3, *e logar*, lire *en logar*. — Ibid., l. 9, *sollando*, lire *soplando*. — Ibid., *rehaló*, lire probablement, comme plus bas, *desató*. — Ibid., l. 16, *buscos*, lire probablement *bestias*. — P. 190, l. 5, *siniestra*, lire *finiestra*. — Ibid., l. 11 du bas, *deserta*, lire probablement *desato*. — P. 193, l. 7 du bas, la phrase *á su madre lo que para auia aprendido decía conuertirla si pudiera*, ne donne aucun sens; il y a là des mots omis. — P. 195, l. 8, *que echo asta remediarla asta*, lire *que [e] echo para remediarla, resta*. — P. 196, l. 11, *echa*, lire *echó*. — Ibid., l. 9 du bas. Que signifie *fulgrandose* ? — P. 197, l. 10, *la fuerzas*, lire *las fuerzas*. — Je ne parle pas des noms propres, presque tous corrompus. Pourquoi ne pas ponctuer et résoudre les abréviations ? Des textes comme ceux-ci, qui ne sont rien à déchiffrer, doivent être imprimés lisiblement.

plus d'analogie avec le drame et peut vraisemblablement passer pour sa source directe est le *Compendio de vidas de los santos*, de Fr. Francisco Ortiz Lucio. Encore ici, je dois me séparer du lauréat de l'Académie. Inutile de discuter encore sur la valeur des termes oriental et occidental. J'admets, avec M. Moguel, qu'au temps de Calderon existaient, dans les recueils hagiographiques en langue castillane, deux versions principales de la légende de saint Cyprien : l'une, abrégée de Métaphraste, est représentée surtout par le *Flos sanctorum*, du P. Rivadeneira ; l'autre, qui supprime le rôle d'Aglaïdas et atténue les pratiques magiques de Cyprien, a pour principal vulgarisateur Alfonso de Villegas. Il est bien difficile de dire laquelle des deux jouissait de plus de faveur auprès du grand public. En tout cas, il serait inexact de prétendre que le Cyprien purement magicien, sorcier, esclave du démon, fût peu connu en Espagne au xviie siècle. Il y était, au contraire, assez populaire, à en juger par un produit curieux de la basse littérature de l'époque. Ce produit, qui a échappé aux recherches de M. Moguel, est une prière adressée à Dieu par saint Cyprien au nom des personnes ensorcelées, des femmes enceintes, etc.; le saint intercède pour tous ceux ou toutes celles que sa science diabolique a fait souffrir avant sa conversion. La prière est intitulée : *Oracion devotissima de San Cypriano, traduzida de latin en castellano. En nombre de Dios, etc. Esta es la muy santa oracion del glorioso San Cypriano, la qual fue hecha y ordenada para librar las personas de malos hechos y hechizos y ojos malos y malas lenguas y para qualesquiera ligamientos y encantamientos, para que todos sean desatados y desligados, y para la muger que está de parto y para pestilencia y ayre corrupto*[1]. L'exemplaire que

---

[1] M. A. Coelho a dû faire connaître de cette prière une version portugaise dans des *Notas mithologicas*, publiées dans la *Renascença*, fasc. II ; voir la bibliographie de la *Zeitschrift für romanische Philologie*, année 1878, p. 83. Dans cette même bibliographie (p. 85) je vois que le n° 59 d'une *Bibliotheca para o povo*, imprimée à Porto, se rap-

j'en ai vu [1] est imprimé et a tous les caractères de la feuille volante du xviie siècle ; les *ciegos* contemporains de Calderon devaient en être abondamment pourvus. Naturellement la prière n'entre pas dans les détails de la vie de Cyprien et ne pouvait fournir à qui que ce fût la matière d'un drame comme le *Mágico,* mais il est intéressant, pour l'histoire de cette légende en Espagne et l'histoire des sciences occultes dans ce pays, de constater qu'en plein xviie siècle le type du sorcier d'Antioche, du marchand d'*ars magica,* était encore vivant dans l'imagination populaire. M. Moguel veut absolument que Calderon ait pris tous les éléments de son drame dans un des textes de la famille « occidentale » et n'ait rien emprunté à l'autre. Il y a bien quelque chose de gênant : le personnage d'Aglaïdas, ignoré par le groupe « occidental » (Villegas, Ortiz Lucio, etc.), et qui reparaît dans le *Mágico,* en se dédoublant, sous la forme de Floro et Lelio ; mais M. Moguel supprime avec aisance la difficulté. « Comme entre Aglaïdas d'une part, Lelio et Floro de l'autre, entre l'intervention chevaleresque de Cyprien dans les querelles de ceux-ci et les services d'entremetteur et de sorcier du Cyprien métaphrastique, il n'y a aucune ressemblance, mais au contraire de radicales et très radicales différences, on doit en conclure que Lelio y Floro, comme Lisandro [2], comme Livia, comme Moscon

porte aussi à notre sorcier : *Thesouro da magica ou arte que ensina a fazer toda a qualidade de magica preta e branca tal qual a fazia S. Cypriano em quanto feiticeiro.*

[1] Bibliothèque nationale. Département des imprimés. Recueil de Colbert. Réserve. Oa 198 (ancien O 134[1]).

[2] Ce personnage n'a pas été créé de toutes pièces. M. G. Baist (*Literaturblatt für germanische u. romanische Philologie,* n° 6, année 1881) pense qu'il a été suggéré au poète par la qualification de *filia sacerdotis* donnée à Justine. Cela me semble peu probable et j'aime mieux reconnaître dans Lisandro le diacre Praylius. En tout cas, Lisandro est « la création la plus importante de Calderon. » M. Moguel nous découvre que ce rôle est secondaire. Je n'ai jamais dit le contraire, mais je continue à prétendre que ce rôle est le seul apport à peu près original du poète ; tout le reste, sauf, bien entendu, la couleur et quelques idées théologiques, était fourni par la légende.

et Clarin, sont des personnages de pure invention. » Il est pourtant de toute évidence que les deux jeunes galants forment le pendant exact de l'Aglaïdas de la vieille légende, et seul le critique égaré par un système préconçu, ou qui, volontairement, ferme les yeux, peut mettre en doute la complète analogie des deux rôles. Sans doute la couleur locale n'y est plus, le milieu est différent, mais est-ce que le mage Cyprien n'a pas changé d'habit aussi en devenant l'étudiant philosophe de Calderon ? N'y eût-il aucune traduction espagnole du récit de Métaphraste, on serait, à cause de ce seul double rôle de Floro et Lelio, forcément conduit à reconnaître un emprunt au texte latin de cette version. Mais la traduction existe et a pour auteur un membre illustre de cette société de Jésus, véritable mère spirituelle de notre poète, qu'il a si souvent glorifiée dans ses œuvres. L'ancien élève du *Colegio Imperial* n'aurait pas connu le *Flos sanctorum* du P. Rivadeneira ! C'est, n'en doutons pas, l'un des premiers livres qu'on lui a fait lire au séminaire des Jésuites, et le bon sens veut qu'il l'ait ouvert avant tout autre au moment de composer son drame. Concluons donc que Calderon a écrit son *Mágico,* après avoir consulté, en même temps que Rivadeneira, un ou plusieurs textes du groupe où la tentation de la jeune chrétienne a lieu au profit du seul Cyprien, magicien et philosophe, probablement le *Flos sanctorum* de Villegas, et le *Compendio* d'Ortiz Lucio [1].

Sur l' « histoire littéraire » du *Mágico,* qui fait le sujet

---

[1] Il resterait encore à examiner si Calderon s'est ou non servi de la *Legenda aurea.* Cf. plus haut, p. 27, note 2. M. L. Lemcke a cru reconnaître, dans l'apparition du démon au balcon de Justine et sa descente (V. 1090 et suiv.), une imitation d'un passage de la *Legenda* (éd. Graesse, page 635) : « Acladius quoque arte dyabolica mutatus in passerem, cum ad fenestram Iustinae volasset, mox ut virgo eum adspexit, non passer sed Acladius apparuit, » etc. Voir *Zeitschrift für romanische Philologie,* t. II, p. 331. Les deux situations, en effet, se ressemblent assez, et il est à remarquer que le passage de la *Legenda* n'a laissé aucune trace ni dans la version de Villegas ni dans celle d'Ortiz Lucio.

du chapitre VI de la *Memoria*, M. Moguel n'est pas
arrivé à en savoir plus long que les autres. Le drame de
Calderon a été « composé pour la ville de Yepes, à l'occasion des fêtes du Très Saint Sacrement. Année 1637 »
Voilà tout ce que dit le titre du manuscrit, et l'on n'a rien
appris d'autre part sur la représentation du drame dans
la petite ville de Castille. J'avais, à ce propos, observé
que l'indication *en las fiestas del santissimo sacramento*
est vague et peut ne pas se rapporter au jour même de la
Fête-Dieu ; qu'au XVII⁰ siècle, à notre connaissance, ce
jour était réservé à la représentation des *autos sacra-
mentales ;* qu'il est possible cependant que dans de petits
centres comme Yepes l'usage de mettre sur la scène le
jour du *Córpus* des sujets étrangers au mystère eucharis-
tique se soit conservé plus longtemps que dans les
grandes villes ; enfin que le vague de l'expression *en las
fiestas* permettait peut-être aussi de supposer que le
Mágico n'a pas été écrit pour le jour même de la Fête-
Dieu, mais pour un jour quelconque de l'octave de la Tri-
nité. C'était prudent et sensé, si je ne m'abuse. M. Moguel ne pouvait être du même avis. Il trouve que l'expression *en las fiestas del santissimo sacramento* n'a rien
de vague, que la représentation a certainement eu lieu
le jour du *Córpus,* puis il se livre à diverses conjectures
sur les motifs qui ont pu déterminer soit Calderon, soit les
habitants de Yepes, à préférer une *comedia de santos* à
un *auto.* Libre à tous ceux qui voudront d'entasser hypothèse sur hypothèse pour n'arriver à aucun résultat certain ; un fait est acquis, c'est que nous ignorons complètement les antécédents et les circonstances de cette
représentation ; aussi mieux vaut ne pas y insister. Je
viens de dire que M. Moguel n'est pas mieux informé que
ses devanciers sur l'histoire du *Mágico* ; ce n'est pas tout
à fait exact, il sait de plus que « le drame a été écrit en
1637, puisqu'il se termine par la date : *En Madrid,
14 de mayo de* 1637 *años...* et que le manuscrit porte
une approbation autorisant la représentation du drame,
datée de *Madrid,* 1ᵉʳ *juin* 1637, et signée par Juan Navarro de Espinosa », et il voit là un argument très fort

en faveur de la représentation « effective » de la *comedia*
à Yepes [1]. Où a-t-il pris ces renseignements ? Dans un fac-
similé joint à mon édition. Malheureusement, ledit fac-
similé est entièrement étranger au *Mágico*, cette planche
photo-lithographique reproduit les derniers vers d'un
autre drame de Calderon, *La desdicha de la voz*, suivis
de la date *En Madrid, 14 de mayo de* 1639 *años* (et non
pas 1637 *años*, comme a lu M. Moguel), de la signature
du poète, de l'approbation de Juan Navarro de Espinosa,
datée de Madrid, 1er juin 1639 (et non pas 1637), puis
d'un permis de représentation donné à Séville, le 13 novembre de la même année. La reproduction de ce frag-
ment était destinée à établir, par la comparaison de
l'écriture, l'authenticité du manuscrit du *Mágico*, auquel
manquent à la fin quatre ou cinq feuillets, et, par suite,
la signature du poète. Tout cela est clairement expliqué
dans mon édition, mais M. Moguel n'y a pas regardé
d'assez près.

Arrivé à la fin de cette discussion un peu longue, au
cours de laquelle j'ai dû souvent combattre les assertions du lauréat de l'Académie de l'Histoire, je me plais
à reconnaître que le travail assurément méritoire de
M. Moguel, malgré une thèse malheureuse et des erreurs
de détail, n'est pas sans avoir fait faire quelques progrès
à la question des origines du *Mágico prodigioso*, en
complétant des recherches depuis longtemps commen-
cées sur les sources du célèbre drame ; c'est un résultat
qui n'est point méprisable.

A l'Académie des sciences morales et politiques, on a
couronné deux mémoires sur *les mœurs publiques et
privées des Espagnols au* xviie *siècle, étudiées dans les
œuvres de Calderon*. Le premier prix a été décerné à
D. Adolfo de Castro, érudit gaditain, bien connu par ses
travaux relatifs à la Réforme en Espagne et à diverses

---

[1] Pour le dire en passant, M. Moguel me fait tort en prétendant
que j'ai « nié résolument » que le *Mágico* eût été joué à Yepes. J'ai
indiqué un doute, très justifié, voilà tout.

questions d'histoire littéraire [1]. La critique n'est pas son fort, comme ne le prouvent que trop et les polémiques qu'il a soutenues, il y a trente ans, à propos de la maladroite supercherie du *Buscapié,* et une publication récente, *Varias obras inéditas de Cervantes,* mélange bizarre d'extravagance et de légèreté [2]. M. de Castro a un autre défaut que je lui pardonnerai difficilement : il a pour les étymologies arabes du P. Guadix une tendresse et un respect tout à fait exagérés. Je n'ouvre pas un de ses livres sans y voir reproduite et recommandée quelqu'une des sottises du digne interprète de Grenade. Dans ce dernier écrit même, que je m'attendais à trouver pur de toute rêverie étymologique, voilà que je me rencontre, à la page 135, avec l'inévitable père Guadix, et que nous dit-il ? Que *duende,* « démon familier, » doublet évident de l'adjectif *duendo* « domestique, privé, » et qui ne saurait avoir, pour la forme et le sens, d'étymologie plus certaine que le participe latin *domitus,* vient de l'arabe *duguen* (?), « juge ou supérieur ! » Il faut que M. de Castro réprime au plus tôt ce penchant funeste, car le temps est passé où chacun pouvait divaguer à son aise en ces matières. L'érudit de Cadix est un grand fureteur de bibliothèques, il a tenu dans ses mains, comme on dit là-bas, *mucho papel viejo ;* aussi son travail témoigne-t-il de lectures étendues, de recherches dans beaucoup de directions. A vrai dire, ce mémoire est à peine rédigé, on voit que l'auteur n'a pas conçu de plan. Pris à l'improviste, il a vidé sur sa table un carton de notes réunies de longue date, et, après les avoir tant bien que mal classées sous quelques rubriques (courses de taureaux, théâtres, danses et ballets, bandolérisme, duels, modes, jargon, *cultisme, tertulias,* etc.), il en a formé une liasse qu'il a présentée sans plus de cérémonie au jury de Madrid. M. de Castro ne s'est certainement pas donné la peine

---

[1] *Discurso acerca de las costumbres públicas y privadas de los Españoles en el siglo XVII, fundado en el estudio de las comedias de Calderon,* par D. Adolfo de Castro y Rossi. Madrid, 1881, gr. in-8.

[2] Sur cet ouvrage, voir la *Revue critique* du 10 octobre 1874.

de relire, la plume à la main, les drames de Calderon, avant de répondre à l'Académie ; ce qu'il en a extrait ne fait pas la moitié des renseignements sur la société espagnole du xviie siècle consignées dans son *discurso ;* beaucoup sont pris ailleurs, parfois dans des livres rares ou peu accessibles. Tout en regrettant que M. de Castro n'ait pas épuisé le sujet tel qu'il avait été délimité par l'Académie, nous devons lui savoir gré d'avoir mis à la portée du profane bien des faits curieux que le hasard de ses lectures lui a révélés. Son mémoire, peu composé, et qui ne se lit pas avec autant de plaisir qu'un ouvrage récent consacré au même sujet [1], sera toutefois utilement consulté, même par les initiés aux choses d'Espagne [2].

Le second mémoire de D. Cárlos Soler y Arques, qui a obtenu un accessit, ne fait pas grande figure à côté de la dissertation jugée digne de la première récompense. L'auteur s'est conformé au programme, il n'est pas sorti de Calderon, mais son étude est peu pénétrante et fort incomplète [3].

Au tour, maintenant, de l'*Academia de ciencias exactas, físicas y naturales,* car l'*x,* la cornue et le microscope ont voulu aussi leur *centenario.* Le sujet du concours, proposé aux *scientifiques,* est littéralement le suivant : « Concept de la nature et de ses lois, d'après les œuvres de Calderon, en tant qu'expression des connaissances scientifiques que pouvaient acquérir les hommes de lettres de l'époque sans s'adonner spécialement à l'étude des sciences. On pourra, si l'on veut, compléter cette étude par l'examen des œuvres d'autres poètes contemporains. » Au moment où j'écris, un seul des ouvrages présentés au concours est imprimé, c'est le mémoire de

---

[1] *Cuadros viejos,* par D. Julio Monreal. Madrid, 1878.

[2] M. de Castro a encore publié sous le titre de : *Una joya desconocida de Calderon* (Cadix, Gautier, 1881) une dissertation de quarante-huit pages pour prouver que Calderon a collaboré au drame *La adultera penitente.* Son argumentation ne m'a pas convaincu ; d'ailleurs, la pièce en question est médiocre.

[3] *Los Españoles segun Calderon,* etc., par D. Cárlos Soler y Arques. Madrid, 1881.

D. José Grinda y Forner, docteur en médecine [1]. Pour apprécier les connaissances scientifiques de Calderon, et, en général, de l'homme de lettres espagnol au xviie siècle, instruit par les professeurs des universités ou des collèges d'ordres religieux et par la lecture de quelques ouvrages publiés en Espagne, il serait indispensable d'être auparavant renseigné sur ce qu'était alors l'enseignement scientifique dansles établissements d'instruction publique [2] et de connaitre par le menu les traités des spécialistes péninsulaires. M. Grinda y Forner sait-il exactement à quoi s'en tenir sur tout cela ? Je me permets d'en douter après avoir lu le chapitre II « La science au temps de Calderon, » court résumé d'un livre quelconque de vulgarisation et où n'est cité qu'un seul ouvrage espagnol, *El ente dilucidado*, de Fr. Antonio de Fuentelapeña, paru en 1677, ce qui est bien tard pour nous, et encore l'analyse qu'en donne M. Grinda ne nous révèle-t-elle rien qui ne se trouve déjà dans un article moitié sérieux, moitié railleur, publié il y a quelques années par Don Juan Valera [3]. Le premier devoir du lauréat de l'Académie était de déterminer, en premier lieu, ce que Calderon, étant donnés sa naissance, son éducation et son milieu, a pu apprendre de physique, de mathématiques, de cosmographie, d'histoire naturelle, etc.; en second lieu, si de l'examen de ses œuvres résulte qu'il a ou non dépassé la moyenne de ses contemporains. A cet effet, il y avait à consulter une vingtaine d'ouvrages, dont les titres figurent dans Nicolas Antonio,

---

[1] *Las ciencias positivas en Calderon de la Barca.* Madrid, 1881.

[2] En particulier, ce qu'enseignaient en fait de sciences les Jésuites du *Colegio Imperial*, au commencement du xviie siècle, et de quels livres ils se servaient. D. José Maria de Eguren nous l'aurait peut-être appris, malheureusement le premier volume (seul imprimé) de son *Historia del Colegio Imperial de Madrid, de la compañia de Jesus* (Madrid, 1869) ne contient que les prolégomènes de l'ouvrage, qui devait se composer de cinq tomes ; voir le *Boletin histórico*, t. I, p. 72.

[3] Voir *Disertaciones y juicios literarios*, par D. Juan Valera (Madrid, 1878), p. 230 et suiv.

mais qu'on n'a plus guère le courage de relire : ⹂e savant
de profession les méprise, et l'historien ou le critique littéraire n'a que rarement la préparation spéciale qui serait
nécessaire pour les bien comprendre. M. Grinda dira que
le temps lui a manqué et que l'Académie n'en demandait
pas si long. D'accord ; mais, tel qu'il est, son travail me
paraît dénué d'intérêt, tous les passages de Calderon
qu'il a transcrits pour établir de quelle façon le poète
concevait la nature et ses lois ne conduisent à rien, puisque nous ne sommes pas en état d'y distinguer la part
du poète, ses idées personnelles, s'il en a eu, de ce qui
n'est que la monnaie courante de l'époque.

J'ai fini. Comme je l'ai dit en commençant, je me suis
efforcé d'être aussi complet que possible. Il se peut que
des travaux de mérite m'aient échappé, mais qu'y faire ?
Il est difficile à un étranger écrivant à distance d'être
exactement renseigné sur ce qui s'imprime en Espagne,
et puis, il ne m'est pas permis de retarder indéfiniment
la publication de ce compte rendu, qui, bientôt, n'aurait
plus sa raison d'être. Quoi qu'il en soit, et si l'on veut
bien me concéder le droit de tirer une conclusion géné-
rale des travaux dont il a été question dans ces pages, je
dois dire que les résultats obtenus ne me paraissent pas
parfaitement en rapport avec le tapage qui s'est fait autour de Calderon, à l'occasion de la fête du 25 mai. Si,
décidément, Calderon est la personnification la plus haute
du génie espagnol, s'il est le « poète par excellence, »
comme le proclament ses panégyristes de l'an de grâce
1881, il me semble qu'il aurait mérité d'être traité avec
plus de déférence et de sérieux par les érudits indigènes.
Ah ! si toute cette prose n'a été répandue que pour pré-
parer le terrain à des travaux importants, dignes de
l'érudition espagnole d'*antaño* et dignes du poète, il ne
faudrait pas la regretter. Je souhaite qu'il en soit ainsi,
mais je n'ai pas grande confiance. Il pourrait bien arriver
à Calderon ce qui est arrivé jadis à Cervantes. De même
que les admirateurs maladroits et pédants du charmant
écrivain, à force d'entasser puérilité sur puérilité, ont

failli compromettre sa gloire et dégoûter les gens de bon sens d'étudier ses œuvres, il est à craindre qu'après cette avalanche de discours et de *memorias,* qui peut durer encore un certain temps, on ne finisse chez nos voisins par avoir de Calderon par-dessus la tête, comme on dit vulgairement, et que le jour où un érudit de mérite se proposera d'entreprendre quelque travail utile, par exemple, une bonne édition ou un commentaire historique et grammatical des drames du poète, on ne lui dise : Comment, encore Calderon ? Mais vous venez trop tard, la fête est finie, les lampions sont éteints !

Alger, 19 novembre, 1881.

DOCUMENTS

Pour remplir les quelques pages qui me restent, je crois bien faire en imprimant ici plusieurs documents non dépourvus d'intérêt pour l'histoire du théâtre espagnol en Espagne et hors d'Espagne.

I. RÈGLEMENTS ADMINISTRÀTIFS POUR LES THÉATRES DE MADRID, PROMULGUÉS JANS LA PREMIÈRE MOITIÉ DU XVIIe SIÈCLE.

Les deux locaux de la capitale, où était autorisée la représentation d'œuvres dramatiques, les *corrales de la Cruz* et *del Príncipe,* appartenaient, on le sait, aux confréries de la Passion et de N. D. de la Soledad, qui employaient le produit de la location de ces théâtres à des œuvres de charité. Les accroissements considérables de revenus, que le succès toujours grandissant de la *comedia* produisait aux deux pieuses associations, finirent par préoccuper l'autorité royale, qui, bientôt, décida de prélever, au profit de l'hôpital général de Madrid, une part sur les bénéfices des *corrales.* Un accord intervint, le 25 décembre 1583, entre D. Fernando Niño du Conseil de Castille et des représentants des confréries, pour fixer le montant de cette redevance, en échange de laquelle les confrères obtinrent le droit d'augmenter les jours de représentation[1]. Je ne saurais dire en quelle année fut instituée

---

[1] Voir C. Pellicer, *Tratado histórico sobre el origen y progresos de la comedia y del histrionismo en España.* Madrid, 1804, t. I, p. 76. Depuis Pellicer, on n'a rien écrit sur l'histoire administrative des deux théâtres de Madrid qui vaille la peine d'être mentionné. Il serait in-

la charge de *protecteur de l'hôpital général et des autres hôpitaux de Madrid,* dont les attributions étaient de régler avec les commissaires des confréries les questions relatives à la police des théâtres et au recouvrement de la redevance affectée d'abord au seul hôpital général, puis augmentée et concédée à plusieurs autres établissements hospitaliers de la capitale ; ce qui est sûr, c'est qu'un personnage décoré de ce titre, le licencié Juan de Tejada, figure dans le premier des documents imprimés ci-dessous qui porte la date de 1608. Ce Tejada exerçait encore ses fonctions de protecteur en 1610, mais l'année suivante, ayant eu maille à partir avec les confréries, auxquelles il avait retiré le droit de nommer des délégués, il fut probablement destitué[1] ; en tout cas, le document numéro 3, dont la date est peu postérieure à l'année 1615, prouve qu'il ne se maintint pas fort longtemps dans sa charge : le protecteur nommé dans ce règlement n'est plus Tejada, mais Diego Lopez de Salzedo.

Les trois documents dont il m'a paru utile de reproduire la teneur, tous trois imprimés, le premier et le dernier en forme de placards destinés à être affichés dans les théâtres, ne semblent pas avoir été connus des historiens du théâtre espagnol[2]. Un exemplaire de chacun se trouve dans un volume de mélanges du département des imprimés (réserve) de la Bibliothèque nationale, aux armes de Colbert, coté Oa 198 (anc O 134¹-134²). Le premier règlement date, comme je l'ai dit, de l'année 1608, le second du 14 mars 1615, le troisième n'est pas daté, mais on voit par cette allusion de l'article 3 : « el auto que se proveyó... *en ocho dias del mes de abril del año passado de mil y seyscientos y quinze* » qu'il a été promulgué peu de temps après l'année 1615[3].

Je ne puis ici analyser en détail le contenu de ces règle-

---

téressant de savoir si les bons documents qui ont servi à cet érudit existent encore.

[1] Voir Pellicer, *livre cité*, p. 93.

[2] M. de Schack, qui a publié dans l'appendice de son ouvrage (p. 29) une ordonnance de 1603 beaucoup moins importante que ces règlements, n'aurait pas manqué d'en faire mention, s'ils lui avaient passé sous les yeux.

[3] Non pas nécessairement en 1616 ; l'expression *el año passado* peut se dire aussi bien d'une année écoulée quelconque que de « l'année dernière. »

ments ; il me suffira d'insister sur quelques points particulièrement curieux.

Défense est faite aux femmes de jouer en habits d'homme ; le troisième règlement seul tolère ce travestissement, mais à la condition expresse qu'elles dissimuleront l'habit masculin sous une longue jupe qui les couvre jusqu'aux pieds. Séparation complète dans les places du public des hommes et des femmes ; le règlement de 1608 spécifie, en outre, qu'aucun homme ne sera admis à entrer dans les loges (*aposentos*) occupées par des femmes, à moins qu'il ne se fasse clairement reconnaître pour mari ou père, fils ou frère de l'une des spectatrices. Dans ce même article, il est interdit au public de s'asseoir dans la partie du théâtre « où a lieu la représentation, » prescription fort sage qu'on aurait bien dû imiter en France, où l'envahissement de la scène par des gens qui n'y avaient que faire dura si longtemps et présenta de si graves inconvénients. Il était aussi défendu aux dames de garder des places pour leurs amies en mettant sur les bancs des tapis ou des coussins, « sous peine de perdre lesdits tapis ou coussins, qui seront confisqués au profit de l'hôpital général. » La répartition des places se faisait d'une façon peu démocratique : il était recommandé au commissaire de se trouver de bonne heure au théâtre[1] et de « répartir les bancs et les loges en donnant la préférence aux titrés, nobles et personnages de marque qui les feraient demander. » Interdiction aux chefs de troupe de jouer chez des particuliers sans la permission du Conseil de Castille et d'admettre le public aux répétitions. Il n'était pas permis à plus de deux compagnies de séjourner à la fois dans un même lieu, sauf dans les grandes villes, Madrid et Séville[2].

Bien d'autres prescriptions touchant la police intérieure des théâtres, le prix des places, la composition des troupes d'acteurs, etc., mériteraient d'être citées, mais je dois laisser au

---

[1] A cette époque on jouait de jour : en hiver le spectacle commençait à deux heures, en été à quatre heures. La disposition matérielle des théâtres rendait l'éclairage impossible.

[2] Sur le théâtre à Séville, voir le curieux petit livre de D. José de Velilla y Rodriguez, *El teatro en España*, Séville, 1876. Ne pas consulter, à aucun point de vue, le très prétentieux et vide *Ensayo histórico-crítico del teatro español*, de D. Romualdo Alvarez Espino, paru la même année, à Cadix, en retard de quarante ans sur tout, et entièrement dépourvu de mérite littéraire ou autre.

ecteur le soin de les chercher lui-même dans le texte des règlements.

N° 1.

MDCVIII. Sumario de la orden dada por el señor Licenciado Iuan de Texada del consejo de su Magestad, a quien por su real cedula esta cometida la protecion y gouierno del Hospital general desta Corte y los demas della, que deuen guardar los Autores de comedias, Comissarios, Alguaziles, y demas personas que acuden al beneficio y cobrança y particion del aprouechamiento dellas para los dichos Hospitales.

AUTORES.

1. Que antes que el Autor entre en esta corte con su compañia, ha de embiar a pedir licencia al señor del consejo que es o fuere protector de los dichos hospitales; y el que entrare sin ella no sea admitido.

2. Que por Pascua de Resurreccion de cada un año, los autores embien al señor del Consejo relacion de la compañia que tiene, declarando las personas que trae, y si son casados y con quien; y lo mismo antes de representar en esta Corte, so pena de veynte mil maravedis para los hospitales y que seran castigados.

3. Que el autor que estuuiere en esa Corte, escoja para la primera semana, que comiença desde los lunes, el teatro, y passada, se muden, y si acaeciere auer tres Autores, se repartan, representando cada vno dos dias arreo, de manera que en doze dias aya de representar cada vno ocho comedias, quatro en cada vno de los dos teatros[1].

4. Que dos dias antes que ayan de representar la comedia, cantar, o entremes, lo lleuen al señor del Consejo, para que lo mande ver y examinar, y hasta que les aya dado licencia, no lo den a los compañeros a estudiar, pena de 20 ducados, y demas castigo; y no salga ninguna muger a baylar ni representar en habito de hombre, so la dicha pena.

5. Que las puertas de los teatros no se abran hasta dadas las doze del dia, y las representaciones se empiecen, los seys

____
[1] Les théâtres *de la Cruz* et *del Príncipe*.

meses, desde primero de otubre, a las dos, y, los otros seys, a
las quatro de la tarde, de suerte que se acaben vna hora antes
que anochezca, y los Comissarios y Alguaziles tengan particular cuydado de que esto se cumpla.

6. Que en los carteles pongan claramente las comedias que
han de hazer, y representen cada dia, y el que por justa causa
lo dexare de hazer de quenta dello al señor del Consejo, so
la dicha pena.

COMISSARIOS DE SEMANA.

7. Las cofradias de los Hospitales de la Passion y Soledad
nombren cada un año dos Comissarios, personas de satisfacion, ricas y desocupadas, que por su turno acudan por
semana, vno en cada teatro, y antes de hazer el tal nombramiento, den quenta al señor del Consejo, para que, si qui-
siere, se halle a ello.

8. Que los tales Comissarios pongan personas abonadas y
de confiança, que con cuydado cobren los aprovechamientos,
sin que dexen entrar a nadie sin que pague lo que esta señalado, y que no desemparen las puertas, hasta que por lo
menos este hecha la primera jornada, y, hecha, entreguen el
dinero al diputado del libro para repartirlo.

9. Que tan solamente los quatro Comissarios, y el del
libro, y cobradores de aquel dia puedan entrar sin pagar entrada ni assientos de sus personas, y que otra persona no se
escuse de hazerlo por ser Alguazil, Escriuano, Cofrade y Diputado, ni por otra causa, y los Alguaziles nombrados tengan
desto particular cuydado, y que sobre ello ni otra cosa no aya
escandalo, y, si lo huviere, prendan los culpados, y hagan
informacion, y no lo cumpliendo, por la omission seran castigados y promovidos del ministerio.

10. Que el Comissario en su semana acuda, en verano, a las
diez, y, en invierno, a las onze, al corral que le tocare, a
repartir los bancos y aposentos, preferiendo en ellos a los
Titulos y Cavalleros, y personas principales que los embiaren
a pedir.

11. Que no se consienta que hombre alguno entre y este
en las gradas y tarima de mugeres, ni muger alguna entre
por la puerta de los hombres al bestuario, ni a otra parte, sino
fueren las que representaren, y si alguno lo hiziere, los Alguaziles le pongan en la carcel, y hagan informacion dello, para

que sea castigado, y ansi mesmo, no consientan que frayle alguno entre en los dichos corrales a ver las comedias, como antes de aora esta mandado.

12. Que no se consienta que en los aposentos señalados para mugeres entre con ellas hombre alguno, sino fuere sabiendo notoriamente ser marido, padre, hijo o hermano, ni que en el teatro, donde se haze la representacion, aya silla, banco ni persona alguna, assistiendo para esto, y lo demas, los tales Comissarios en los dichos corrales, mientras duraren las representaciones.

13. Que los Comissarios no tomen ni den banco ni aposento a nadie sin que lo pague, mas de tan solamente dos bancos, cada dia, en cado teatro, la semana que siruiere, que se le permiten para acomodar en ellos los cobradores y a quien le pareciere, y para ninguna persona se abra aposento ni se ocupe, aunque se quede vazio.

14. Que ninguno de los dichos Comissarios sostituya persona en su lugar, y quando por justas causas no pueda acudir, auise al compañero para que lo haga.

15. Que quando sea necessario hazer obra o reparo en los teatros, los quatro Comissarios semaneros se junten y lo confieran y hagan relacion al señor del consejo de la necessidad que ay dello, y lo que costara, para que con su orden se haga lo que conuenga.

COMISSARIOS DEL LIBRO.

16. Que el señor del Consejo, que es o fuere tal protector, aya de nombrar y nombre cada un año Comissario, persona de los dichos hospitales, que tenga los libros y quenta de lo que procede de los aprouechamientos de las dichas comedias, y los reparta entre los hospitales conforme a lo que a cada vno esta señalado.

17. Que el tal Comissario del libro acuda, todos los dias que huviere comedias, a la contaduria dellas, a las tres de la tarde, y, en presencia del Comissario semanero, quente lo que ouiere procedido, assi de assientos, bancos y aposentos como de los quartos de las puertas, y lo reparta en la forma que yra declarado, assentandolo en el libro y haziendolo firmar a las personas que lo recibieren por los hospitales, metiendo la parte que toca al general en una caxa que embiara cerrada y dentro assentado lo que va en ella y de que

procede, en el qual aura otra con que se abra, guardando en esto la orden que se ha tenido.

18. Que de los cinco quartos que se cobran a la entrada de cada persona, hombres y mugeres, el autor lleue los tres, y el Hospital general vno, y el otro el Hospital de la Corte y de Anton Martin de por mitad ; y lo que procediere de assientos, bancos y aposentos, ventanas, celuxias, lleue el Hospital general la quarta parte, y el de los niños expositos la otra quarta y otauo della, y lo demas el de la Passion, conforme a lo que se ha hecho hasta aqui y esta ordenado, repartiendo la plata rata por cantidad de lo que a cada vno tocare : esto por aora sin perjuyzio de las pretensiones, que los dichos Hospitales general y Soledad tienen, de que se les acuda con mas parte de la que han lleuado y lleuan.

19. Que lo que procediere de ventanas, celuxias, y demas cosas de que el Hospital general no cobra quarto de entrada a la puerta, se le de el quinto por ello como se ha hecho, y lo restante se reparta como aprouechamiento de assientos y aposentos.

20. Que tenga quenta aparte de lo que procediere de arrendamiento de corrales y cochera y seys reales que da cada Autor de cada representacion para reparos y de las demas cosas que no se pueden repartir cada dia, y cuydado de que se cobre.

21. Que tengan ansi mismo quenta aparte de los gastos que se hizieren en reparos de corrales y otras cosas tocantes a las comedias, assentandolo todo con claridad, y esto se pagara de lo procedido del capitulo de suso, y, no lo auiendo, se sacara de los aprouechamientos de assientos antes de repartirlos y no se gaste cosa alguna sin que se assiente.

22. Que fin de cada semana se haga quenta de lo procedido y gastado conforme a los dos capitulos de suso, y lo que restare se reparta entre los Hospitales general, Passion y Soledad, por yguales partes, come se ha hecho hasta aora : lo qual se cumpla precisamente, sin diferirlo para otro dia.

23. Que en fin de cada un año, el Comissario del libro de relacion por escrito al señor del consejo de lo que ha valido en el dicho año los dichos aprouechamientos de comedias, y como se han distribuydo, y que parte ha lleuado cada Hospital, y de los alquileres y arrendamiento de corrales y otras cosas, y que se deue dello, y de lo que se ha gastado en reparos y otros gastos.

24. Que en la contaduria aya un arca o alacena que sirua de archiuo en que esten los libros, escrituras y papeles tocantes a la comedia, todo por inuentario, la qual tenga tres llaues diferentes, la vna el Comissario del libro, y las dos los dos semaneros quando siruieren.

25. Que los Comissarios ni alguno dellos no haga gracia ni suelta al arrendador de corrales ni a otra persona de cosa que este obligado y pertenezca a los Hospitales sin acuerdo del señor del Consejo, y si lo hiziere se le encarga la conciencia y satisfacion, y, aueriguandosele, lo pague de su hazienda.

ARRENDADOR.

26. Que ocho dias antes de salir el año, los Comissarios del hagan pregonar las arrendamientos de los corrales para el año siguiente con las condiciones en el acostumbradas y las mas que parecieren conuenientes, y antes del remate hagan relacion al señor del Consejo para que con su parecer se haga.

27. Que la persona en quien se rematare reciba por inuentario todos los bancos, llaues, cubos y demas pertrechos, y se obligue a dar quenta dellos, de lo qual y del arrendamiento tendra quenta y razon el Comissario del libro.

28. El arrendador en presencia del Comissario semanero de quenta cada dia al del libro de los bancos y aposentos que huuiere alquilado, los quales se satisfagan de los que son, en que se les encarga la conciencia, y, si se hallare(n) fraude, se dara quenta al señor del Consejo para el castigo.

29. Que el arrendador no cobre de cada aposento mas de doze reales y de cada banco vno, y, si hiziere lo contrario, sera castigado.

30. Que no puede el arrendador ni otra persona meter de fuera bancos ni otros assientos para alquilar, sino que ha de dar de los que estan a su cargo para este efeto, de que aura numero suficiente.

31. Que no se pongan redes ni celugias en los aposentos ni bancos en el patio, sino fuere arrimados a los lados, de manera que esten pegados con las paredes.

ALGUAZILES.

32. Que los Alguaziles que el señor del Comissario tiene

nombrados y nombrare assistan en los corrales de las comedias, desde la ora que se abrieren hasta que ayan salido todos
los hombres y mugeres dellas, y hagan que ninguno se escuse
de pagar y que no aya escandalo y alboroto ni descompostura,
y que se guarde y cumpla en todo lo que va ordenado ; a los
quales se les dara lo que el señor del Comissario por su ocu-
pacion y trabajo les esta y fuere señala[n]do el dia que assis-
tieren, y no de otra manera, y por ninguna via ni modo lleuen
otra cosa, y, si se les aueriguare, seran castigados.

HOSPITAL GENERAL.

33. Quel Contador que es o fuere del Hospital general, en
nombre del, como cabeça de los demas Hospitales y mas inter-
essado en las comedias, por lleuar mas parte, acuda a la
contaduria y corrales dellas, e interuenga con los Comissarios
a la cobrança y repartimiento de todos los aprouechamientos
y a los arrendamientos y gastos que se ouieren de hazer en
obras, reparos y otras cosas, y en todos los casos que se tra-
taren y tocaren al aprouechamiento y beneficio de los dichos
Hospitales, sin entremeterse en repartir bancos ni aposentos
ni poner cobradores ni en otra cosa alguna fuera de lo suso
dicho.

Y por que todo lo suso contenido sea notorio y se pueda
mejor guardar, sin exceder en cosa alguna dello, mando que
se imprima y se ponga en una tabla en cada vno de los dichos
corrales adonde con facilidad se pueda leer y entender. 1608.

Nº 2.

En la villa de Madrid, a catorze dias del mes de março de
1615, los señores del consejo de su Magestad, auiendo tenido
noticia de los desordenes que auia en los Autores de comedias
y sus compañias y sus excessos y los de los representantes que
traian consigo, y de los que se hazian en las representaciones
y entremeses y bailes y danças y meneos y cançiones, para
reformacion de todo, dixeron que mandauan y mandaron cerca
de lo susodicho lo siguiente :

1. Primeramente que no aya mas que ocho compañias, las
quales traigan los Autores que para ellas nombrare el Consejo

y lleuaren testimonio deste nombramiento del escriuano de Camara del Consejo mas antiguo.

2. Que se nombran por tales Autores a Alonso Riquelme, Fernan Sanchez, Domingo Balbin, Tomas Fernandez, Pedro de Valdes, Pedro Cebrian, Pedro Llorente, Iuan de Morales. Los quales traigan en sus compañias gente de buena vida y costumbres, y den memoria cada año de las que traen a la persona que el Consejo señalare, y lo mismo hagan los que fueren nombrados de aqui adelante.

3. Que los Autores y representantes casados traigan consigo sus mugeres.

4. Que no traigan vestidos contra las prematicas del Reyno ni representen con ellos.

5. Que las mugeres representen en habito decente de mugeres, y no representen en habito de hombres, ni hagan personages de hombres, ni los hombres, aunque sean muchachos, de mugeres.

6. Que no representen cosas, bailes ni cantares ni meneos lascivos ni deshonestos, de mal exemplo, sino que sean conforme a las danças y bailes antiguos.

7. Que assistan en cada teatro dos Alguaziles de corte quales nombrare el Consejo, para tener cuenta con que no aya ruidos ni alborotos ni escandalos, y que los hombres y mugeres esten apartados, assi en los assientos como en las entradas y salidas, y que no se hagan cosas deshonestas ni escandalosas, y que no entre(n) en los vestuarios persona alguna fuera de los representantes, y que estos dos Alguaziles siruan no mas que dos meses, y, cumplidos, se muden otros dos.

8. Que se entre y salga temprano de las comedias, de suerte que sea de dia.

9. Que no consientan que frailes entren a ver las comedias en los teatros.

10. Que no se entre a los teatros ni se abran antes de las doze del dia.

11. Que los Autores no representen en casas particulares sin licencia del Consejo.

12. Que en los ensayes que se hizieren en su casa no admitan gente alguna.

13. Que no representen comedias algunas, desde el miercoles de Ceniza hasta el Domingo de Quasimodo, ni los Domingos de Aduientos ni los primeros dias de las Pasquas.

14. Que las comedias y los entremeses y bailes y danças y cantares que huuieren de representar, antes que las den los Autores a los representantes, para que las tomen de memoria, las lleuen a la persona que el Consejo tuuiere diputada para esto, el qual las censure, y, con su censura, de licencia firmada de su nombre, para que se puedan hazer y representar, y sin esta licencia, no se representen ni hagan ; el qual las censurara, no permitiendo cosa lasciua ni deshonesta ni malsonante ni en daño de otros ni de materia que no conuenga que salga en publico.

15. Que no esten dos compañias juntas en vn lugar, excepto en la Corte y Seuilla, ni esten mas que dos meses cada año.

16. Que no representen en yglesia o monasterio, sino fuere quando la comedia puramente es ordenada a deuocion.

17. Que los Autores y representantes que no guardaren qualquier cosa de lo dicho sean castigados con las penas siguientes. Por la primera vez, dozientos ducados para obras pias. Por la segunda, doblado, y dos años de destierro del Reyno. Y por la tercera, dos años de galeras.

18. Que se mande a los corregidores y justicias del Reino, que cada uno en su distrito y juridicion haga guardar y executar lo contenido en este auto, so graues penas, y que se embiará persona, a su costa, a hazer executar lo que por su negligencia no se executare y castigare, y que en la residencia se haga cargo desto.

19. Que todos los demas autos que el Consejo tiene proueidos en esta razon, que no son contrarios a lo contenido en este, se guarden.

20. Que para todo esto se embien prouisiones o cartas a los dichos corregidores y justicias, y a los Autores de comedias se les notifique lo que les toca. Y assi lo proueyeron y mandaron.

Nº 3

Las ordenes y autos dados por los señores del Consejo supremo de su Magestad, que siempre se han guardado cerca de las Comedias, y aora se mandan guardar y executar con puntualidad, por el señor don Diego Lopez de Salzedo, ansimismo del Supremo Consejo, a quien por su real cedula está cometida la proteccion y gouierno de los hospitales desta Corte, son los siguientes.

1. Primeramente que ninguno de los Autores de Comedias puedan entrar en esta Corte, sin primero embiar a pedir licencia al señor del Consejo que es o fuere protector, y, si entrare, no se admitan ni dexen representar e incurran en pena de veynte ducados para los hospitales desta Corte.

2. Que los tales Autores lleuen ante su merced del señor protector las Comedias, cantares y entremeses, tres dias antes que las ayan de representar, para que su merced las haga ver y censurar, y, de otra manera, no se representen, pena de veynte ducados.

3. Que los Autores nombrados guarden las ordenes y autos dados por los señores del Consejo, y en particular el auto que se proueyo por los dichos señores, en ocho dias del mes de Abril del año passado de mil y seyscientos y quinze, cuya copia impressa ha de lleuar cada vno de los dichos Autores firmada del escriuano de Camara mas antiguo, juntamente con el nombramiento que tiene de tal Autor, y, no le lleuando, no pueda representar en ninguna parte destos Reynos, e incurra en pena de perdimiento de titulo de tal Autor y quatro años de destierro del Reyno, y que se procedera contra ellos con todo rigor.

4. Que no pueda auer en esta corte ni fuera della mas Autores de Comedias de los que fueren nombrados y tuuieren titulo por los señores del Consejo, ni los que tienen compañias de representantes de la legua en esta Corte y ciudad de Toledo y otros lugares destos Reynos, ni ningunas personas, hombres ni mugeres, no puedan andar ni representar en las dichas compañias de la legua, ni otros autores, que no sean nombrados por los dichos señores del Consejo, ni representen en ninguna manera, aunque sea en fiestas que suelen hazer algunos lugares destos Reynos, so pena, por la primera vez que lo hizieren, tengan perdidos todos los vestidos y ropa con que representaren, aplicados para los hospitales desta Corte; y, por la segunda vez, incurran los tales hombres en pena de verguença publica y quatro años de galeras, y las mugeres que fueren libres, sin maridos, en cien açotes y quatro años de destierro de fuera del Reyno.

5. Que los mugeres no puedan representar en abito de hombre, sino que por lo menos lleuen vasquiña o manteo que las cubra hasta los pies. Y ansimismo, quando representaren en su abito, salgan con abito decente, lleuando, sobre el jubon, ropa o vaquero y vasquiña suelta o enfaldada, de

manera que no salgan con solo manteo o jubon; y, si lo contrario hizieren, incurran en pena de perdimiento de los vestidos con que representaren y en veynte ducados para los hospitales desta Corte.

6. Que ninguno de los Autores no representen en esta Corte en casas particulares sin licencia de los señores del Consejo que son o fueren protectores, y en los ensayos que hizieren en sus casas no admitan gente alguna a verlos hazer, so pena que seran castigados con rigor.

7. Que los tales Autores y representantes casados traigan consigo a sus mugeres, y las mugeres que no tienen maridos representantes en las mismas compañias no puedan andar ni representar en ellas, so pena de destierro del reyno, ni ningun autor las pueda traer en su compañia, so la misma pena y cien ducados para los dichos hospitales.

8. Que los Autores no puedan representar en iglesias ni monesterios, sino fuere quando las Comedias fueren puramente ordenadas a deuocion y con licencia del señor del Consejo que es o fuere protector, so pena de veynte ducados para los dichos hospitales.

9. Que ningun Autor permita ni dissimule en sus compañias amancebamientos ni otras ofensas publicas de Dios nuestro señor, y, que el que lo dissimulare y no diere luego noticia al señor protector en esta Corte y las justicias de qualquiera parte donde se hallare, por el mismo caso pierda luego el titulo de Autor y sea desterrado por quatro años del reyno.

10. Que los Autores que representaren en esta Corte pongan en los carteles claramente las Comedias que huuieren de representar aquel dia, y auiendo puesto los dichos carteles, no dexen de representar, con poca o mucha gente, so pena de cinquenta ducados; y el que por justas causas no pudiere representar, acuda a dar cuenta al señor protector.

11. Que no esten dos compañias de Autores juntas en ningun lugar, excepto en esta Corte y la ciudad de Sevilla, so pena de veynte ducados para los hospitales.

12. Que los arrendadores que tienen o tuuieren arrendados los aprouechamientos que proceden de las comedias para los hospitales desta Corte, tengan cuydado de poner sus cobradores que sean hombres honrados y comedidos, personas de quien tengan entera satisfacion; y particularmente la persona que nombraren para cobrar en las mugeres sea persona muy

honrada y que tenga de edad mas de quarenta años y no de otra manera.

13. Que los corrales donde se representan las dichas comedias no se abran hasta los doze de medio dia, particularmente los lugares donde entran las mugeres, ni, donde ellas estuuieren, puedan estar hombres a oyr las dichas comedias, sino fuere tan solamente el cobrador que cobrare aquel dia, ni alguazil, ni otra ninguna persona, aunque sean los mismos arrendadores, so pena de diez dias de carcel y veynte ducados para los hospitales.

14. Que en los lugares y aparadores que llaman, donde las dichas mugeres oyen las comedias, no se pongan alfombras ni almohadas para guardar lugares en la delantera a las que han de venir, sino las primeras que vinieren se sienten en los mejores lugares que hallaren, so pena de que tengan perdidas las tales alfombras o almohadas aplicadas para el hospital general.

15. Que en los aposentos de los dichos corrales no se pongan redes ni celosias, sino fuere primero dando cuenta a qualquiera de los Alguaziles de Corte que assisten a las dichas Comedias, diputados para aquel ministerio, para que vean quien ha de occupar el dicho aposento y si conuiene se pongan.

16. Que la persona o personas, a cuyo cargo esta o estuuiere repartir los vancos, assistan en los corrales de las dichas comedias, en el verano, de las nueue a las diez del dia y, en el inuierno, de las diez a las onze, y alli los repartan a las personas que los vinieren a pedir, teniendo cuydado que sean preferidos en los mejores vancos los señores Titulos y Caualleros y personas principales, y no puedan lleuar mas precio por cada vanco de vn real y vn quartillo, y no se puedan repartir los dichos vancos por lugares, so pena, por la primera vez, [de] veynte ducados, y, por la segunda, dos años de destierro desta Corte y diez leguas.

17. Que por cada aposento de los altos no puedan lleuar mas precio de diez y siete reales por cada dia que se alquilare, y, de los dichos diez y siete reales, se den al Autor que representare aquel dia tres reales y medio; y de los aposentos baxos no se pueda lleuar mas de diez reales por cada vno, atento a que dexan ya pagadas las entradas del Autor y arrendadores, so pena de veynte mil marauedis.

18. Que ninguna persona de ningun estado ni condicion que sea no entre en los dichos corrales, donde se representan las

dichas comedias, sin primero pagar el precio que esta mandado
se cobre, assi en la primera puerta del Autor como en la
segunda de los hospitales, y por donde se entra en las gradas;
y se declara que en la primera puerta del Autor se han de
pagar doze marauedis y en la segunda de los hospitales otros
doze; y si quisieren subir a las gradas, paguen otros diez y
seys marauedis, y el precio que han de pagar las mugeres que
entraren en los aparadores, ha de ser doze marauedis para el
Autor y veynte y ocho marauedis para los hospitales: y lo
cumplan sin exceder, so pena de veynte mil marauedis aplicados para los hospitales desta Corte.

19. Que en los tablados ni vestuarios de los dichos corrales
no se pongan vancos ni sillas, ni esten en los dichos tablados
ni vestuarios ningunas personas de ningun estado y condicion
que sean, ni alguaziles ni escriuanos ni los mismos arrendadores para oyr de alli las comedias, sino tan solamente pueda
estar qualquiera de los Alguaziles diputados para este ministerio de las dichas Comedias, so pena de cada veynte mil marauedis; y, si fueren Alguaziles de Corte o villa, incurran assi-
mismo en pena de seys meses de suspension de sus oficios y
que seran castigados con rigor.

20. Que ninguno de los Alguaziles desta Corte y villa no se
entremetan en ninguna cosa tocante al arrendamiento de los
aprouechamientos que proceden de las comedias ni en el
repartimiento que se hiziere de los vancos ni aposentos; porque
tan solamente lo han de poder hazer, en quanto a esto y lo
que tocare a las dichas comedias, los Alguaziles de Corte, nombrados por su Magestad y senor del Consejo que es o fuere
protector; y si los cedieren en los precios o en otra qualquiera
manera, primero que contra ellos hagan cosa alguna, sin per-
turbarles el proceder, cada vno en su ministerio, acudan a dar
cuenta dello al senor del Consejo que es o fuere protector: lo
qual cumplan los dichos Alguaziles de Corte y villa, so pena
de veynte ducados y quatro meses de suspension de sus oficios.

Y para que de todo lo contenido en este auto conste y
nadie lo pueda ignorar, mando que Iuan de Alicante, Alguazil de Corte y superintendente de las Comedias, lo haga
pregonar en los lugares mas publicos, y despues desto ponga
una copia deste auto y todos sus capitulos, impressa en vna
tabla, en cada corral de las dichas comedias, de manera que
todos le puedan leer y entender, la qual dicha copia impressa
esté refrendada del escriuano de Camara mas antiguo de los que
residen en el supremo Consejo, corregida con el auto original.

II. Représentations de comédies castillanes a Perpignan au XVIIe siècle

Dans une histoire complète du théâtre espagnol il y aurait
un chapitre fort curieux à écrire sur les représentations de
comédies et de drames en langue castillane données en Italie
et en France par des acteurs venus d'Espagne. M. de Schack
n'a pas traité du tout de ces voyages de la *comedia* à l'étranger.
Pour l'Italie je n'ai rien à dire et j'ignore même s'il existe
quelque étude consacrée à l'histoire du théâtre espagnol de
villes telles que Rome, Naples et Milan, où ont certainement
été représentées des pièces castillanes. En ce qui concerne la
France, nous sommes assez bien renseignés. Plusieurs érudits,
MM. Fournier [1], Royer [2] et Despois [3], ont réuni sur les troupes
de comédiens espagnols résidant en France dès le commencement du xviie siècle une somme notable de renseignements, qui
permettent de se rendre compte de l'importance et de la durée
de ces importations, en même temps que de l'impression produite par les œuvres des *ingenios* péninsulaires interprétées
par des acteurs d'outre-monts.

La première troupe espagnole vint à Paris en 1604, mais c'est
surtout à partir de 1615, date du mariage de Louis XIII avec
Anne d'Autriche, que ces comédiens commencèrent à avoir
quelque vogue, je dis quelque vogue, car il est certain que
jamais la *comedia*, ni à Paris, ni à la cour, n'obtint un grand
succès, jamais le public parisien ne l'accueillit avec la même
faveur que les pièces bouffonnes du répertoire italien. Les
types consacrés, les personnages de convention, bien reconnais-
sables à leur costume, et la pantomime des acteurs rendaient
très facile l'intelligence des pantalonades et arlequinades des

---

[1] Article important dans la *Revue des Provinces*, septembre 1864.

[2] A la fin de son *Théâtre de Tirso de Molina* (Paris, 1863), M. Royer
a donné un état des sommes payées à l'*autor* Simon Aguado pendant
l'année 1663 pour soixante-treize représentations données à la cour de
France.

[3] *Le théâtre français sous Louis XIV*. Paris, 1874, p. 70 à 76.

Italiens, tandis que le théâtre espagnol, avec son caractère imprévu, l'enflure ou la recherche de son style et le jeu probablement moins expressif de ses interprètes, ne pouvait être accessible qu'à un public restreint comprenant bien le castillan. Ce qui devait plaire le plus dans les représentations des Espagnols, c'était l'accessoire : les ballets et les danses. Après le premier *mariage espagnol*, les comédiens venus de Madrid ou d'autres villes de la Péninsule durent avoir à Paris, c'est probable, une petite clientèle ordinaire composée surtout de la maison de la reine et des Espagnols de passage. Ils jouaient en même temps à la cour et se soutenaient ainsi grâce aux faveurs de la reine Anne [1] et, plus tard, de Marie-Thérèse; celle-ci surtout protégea beaucoup ses compatriotes, et la dernière troupe espagnole qui séjourna à Paris fut pendant plusieurs années uniquement entretenue par elle.

A strictement parler, les pièces qui suivent, relatives à la représentation de comédies castillanes à Perpignan dans la première moitié du xviie siècle, ne concernent pas l'histoire du théâtre espagnol à l'étranger, puisque le Roussillon n'avait pas encore été définitivement réuni à la France et que Perpignan était encore ville espagnole. Toutefois les comédiens, venus de l'autre versant des Pyrénées et qui jouaient en castillan, se trouvaient à Perpignan déjà en pays étranger, la langue parlée dans cette ville comme dans toute la province de Roussillon étant bien plus éloignée du castillan que du français. Quoi qu'il en soit, ces pièces valent la peine d'être connues. Le mérite de les avoir découvertes, transcrites et commentées revient tout entier au regretté M. Alart, archiviste des Pyrénées-Orientales, auteur de travaux excellents sur l'histoire de son département et le dialecte de l'ancienne province de Roussillon. M. Alart communiqua son mémoire en novembre 1875 au Comité des travaux historiques, qui ne jugea pas utile de le publier in-extenso. Une seule pièce du dossier fut imprimée par les soins de M. Marty-Laveaux, rapporteur, dans la *Revue des sociétés savantes* (VIe série, t. III. 1er semestre de 1876, p. 484-485) et le reste fut déposé dans les archives du Comité. Il y a

---

[1] Le premier article d'un mémoire d'aumônes distribuées, au nom de la reine Anne, par sa femme de chambre, D[a] Catalina de Castro, est ainsi conçu : « Primeramente para bestir algunos comediantes españoles y assistir á una muger desta compañia el tiempo que estubo mala hasta que murio en Paris : cien escudos. » (Bibl. Nationale. Cabinet des titres. Pièces originales. Dossier *Castro*.)

quelques mois, j'obtins de M. Petit, chef de bureau au ministère de l'Instruction Publique, la communication du travail de M. Alart et l'autorisation de le transcrire. Je l'imprime aujourd'hui tel qu'il est, n'y ajoutant que deux ou trois notes.

NOTE SUR LE THÉATRE CASTILLAN A PERPIGNAN
1623-1627 [1]

La langue vulgaire et administrative du Roussillon était le catalan, et, bien que ce pays eût été restitué en 1493 aux rois d'Aragon et de Castille qui le gardèrent jusqu'en 1642, la langue castillane n'y fut en usage que parmi quelques fonctionnaires publics et surtout pour les troupes qui y tinrent garnison. Cependant un certain nombre de familles de Perpignan étudiaient, comprenaient et parlaient au besoin la langue castillane, ce qui explique la présence d'une troupe espagnole dans cette ville et les représentations qu'elle y donna dans les vingt dernières années de la domination des rois de Castille.

Voici les renseignements que j'ai pu recueillir à ce sujet, puisés presque tous dans les manuels d'actes d'anciens notaires conservés aux archives des Pyrénées-Orientales.

Par acte fait à Perpignan le 10 octobre 1623, Michel de Coibra, natif de Compiègne en Picardie (*naturalis civitatis de Compienya in Picardia*), fait quittance à Baltesar Mendes et Vicentia mariés, et à Francisco de Toledo et Clara mariés, auteurs ou comédiens *(fabulatoribus sive representants)* ici présents, de 58 réaux, pour une somme qu'il leur avait prêtée le 27 avril precédent par acte reçu dans la cité de Guessa [2] ; et, le même jour, pareille quittance de 26 réaux à Juan de Naessa y Vega, aussi comédien *(fabulatori sive representant)*.

(Manuel de Fᵒ Dalmau, notaire, 1623, fᵒ 207.)

C'est le même Francisco de Toledo, chef de troupe et [3]

---

[1] Remise au Comité des travaux historiques le 15 novembre 1875.

[2] [Il n'y pas de *ciudad* de ce nom en Espagne : il faut vraisemblablement lire *Guesca* pour *Huesca*. M.-F.]

[3] [Il faudrait dire *ou*, car en castillan *autor de comedias* signifie « chef de troupe, impressario. » M.-F.]

auctor de comedias, qui figure encore dans l'engagement ou acte de société suivant fait à Perpignan le 25 février 1626. Je dois observer qu'à cette époque les actes des notaires de Perpignan et du Roussillon sont toujours rédigés en latin ou en catalan ; ceux qui sont en castillan ne concernent que des Castillans et on y trouve presque toujours, comme dans le suivant, des marques de l'influence de la langue catalane, soit pour l'orthographe soit pour certaines locutions :

« Nosotros Francisco de Toledo, *auctor de comedias,* y Clara de Arevola[2] su muger, Pedro Fuertes y Catalina Dalgada[1] su muger, Baltasar Mendes y Vicenta Melones su muger, Hieronimo Carabajal, Francisco Juana, Juan Fernandes y Domingo Ferrer, companyeros, que al presente lo somos del dicho Francisco de Toledo, todos juntos y cada uno por si, asi hombres como mugeres, por tiempo y spacio de un anyo, empesando del dia de hoy que es el primero dia de quaresma, hasta el dia de carnestollendas primero que viene del anyo de 1627, prometemos unos a otros tener y hazer una buena y legal companya todos juntos, para el efeto de estudiar y representar comedias en Perpiñan o en otra qualquier parte do nos allaremos presentes, y no dividir ni desepararnos unos de otros por ninguna causa ni rahon durante el dicho anyo, con el partido que cada uno tiene y esta consertado entre nosotros ; con condicion y pacto que no podamos admitir ni acetar otro en la companya sin voluntat y consentimiento de la mayor parte de la companya ; ni asi bien puedamos despedir ni salir ninguno de nosotros de la companya sin justa causa, so pena de pagar y satisfazer, el que lo contrario hiziere, a la dicha companya todo el danyo que por su culpa causare y dexare de ganar la companya, por lo qual danyo obligamos unos a otros todos nuestros bienes, etc. Y asi lo firmamos y juramos todos en Perpiñan, el primero dia de quaresma que contamos veinte y sincho de hebrero de 1626. Presentes por testigos : Antonio Trillach droguero, Juan cabo de villa, vezinos de Perpinyan. »

(Manuel d'Antoine Pasqual, 1623-1626, f° 362 v^e).

Cette troupe quitta sans doute Perpignan peu après, du moins trouve-t-on dans la note suivante un Phelipe Xanxes, *comediant,* qui ne figure pas dans l'acte de société ci-dessus :

---

[1] [Lire probablement *Arévalo.* M.-F.]
[2] [Graphie catalane pour *Delgada.* M.-F.]

« Domingo Negrete, criat de Phelipe Xanxes comediant,
» fill de Saragossa, es vingut malalt als 21 de agost 1626, y
» aporta una ropilla borell de sa color, unes calses de tela
» tinyida de negre, unes mitges y spardenyes, una camisa.
» Obit a 21 de septembre any 1626. »

(Libre dels qui entren malalts al hospital de la vila de Perpinya, comensat vuy al primer de octubre 1615 per mi Hyeronim Colnes infermer lo present any).

Dans le courant de mars 1631 arrivèrent à Perpignan les *autores de comedias* du Roi, Pedro de Baldes et Matheo de Hervias, avec toute leur troupe. Ils se logèrent à l'hôtellerie *del Cavallet* (au coin des rues de la Poissonnerie et du Temple) et le chirurgien François Guillot leur prêta 2,200 réaux. Ils annoncèrent qu'ils avaient composé leur troupe « au nom d'Anne d'Autriche, reine de France, » et ils devaient jouer les pièces de leur répertoire, après en avoir donné la primeur, « les avoir étudiées, essayées et représentées » dans la ville de Perpignan. Le mardi de la semaine sainte, 15 avril, ils donnèrent un avant-goût de leur talent devant le viguier de Roussillon dans une salle de la maison del Cavallet, en jouant des parties d'une de leurs comédies, avec une *letrilla* qu'ils chantèrent « à huit » et un ballet *famoso* qu'ils dansèrent aussi à huit, quatre hommes et quatre femmes. Voici le compte-rendu de cette séance préparatoire :

« En el nombre del Señor, sepan quantos esta carta vieren como en el año del nasimiento de nuestro señor Jhu Christo mil seiscientos treynta y uno, dia de martes de la semana santa que contamos a quinze del mes de abril, en la fidelissima villa de Perpinyan y en el meson del Cavallete dicho vulgarmente *de Juan,* en presencia de mi el notario y scribano publico y de los testigos abaxo scritos, para estas cosas specialmente llamados y rogados, constituidos personalmente Pedro de Baldes y Matheo de Heruias, autores de comedias por su Mag^d como dizen, han requerido de palabra a mi el dicho notario tomasse y retiniesse la presente carta y auto publico, es a saber como ellos dichos autores juntamente y en compañia de Pedro Maldonado, Hyeronimo Luis de Morales, Juan de Nauia, Joan Roman, Juan Viuas, Martin de Silua, Esteuan Martinez, Juan Gasche, Saluador Antonio Torizes, Agustin Romero, Francisca Maria muger del dicho Matheo de Heruias, Ana de Sandoual muger del dicho Pedro de Baldes, Hyeronima Rod-[riguez ?] muger del dicho Pedro Maldonado, Paul[a ?] Isabel Maria hija del dicho Juan Roman, t[odos] comediantes de la

compañia de los arriba nombrados autores, que, entre hombres
y mugeres, hazen numero de desiocho, son y se hallan al
presente en la dicha y presente villa de Perpinyan y en el
dicho meson del Cavallete, para, despues de la presente semana
santa, servir y representar en la casa de las comedias de la
dicha villa, a los vezinos y moradores della, todas las comedias
que trahen, y despues immediatamente passar e irse con toda
la dicha compañia a la ciudad de Paris, corte del christianis-
simo señor Luis decimo tercio rey de Francia y de Navarra,
para servir y representar con ella todas las dichas comedias,
studiadas, ensayadas y representadas antes en la presente villa,
a la serenissima señora doña Ana de Austria reyna de Francia
y a su corte real, en nombre de la qual los dichos autores,
segun dizen, han hecho la dicha compañia ; y que toda ella,
en el dicho meson del Cavallete, en presencia de mi dicho
scribano publico y de los dichos testigos abaxo nombrados, ha
empeçado a ensayar la comedia yntitulada de *Quando aca
nos vino y Gradas de San Philippe*[1], y han cantado con grande
melodia una letrilla a ocho, es a saber quatro hombres y
quatro mugeres ; y despues asimismo han hecho un famoso y
intricado bayle a ocho, es a saber quatro hombres y quatro
mugeres. Y de todas las dichas cosas y qualquier dellas arriba
dichas y hechas han pedido los dichos autores, Pedro de
Baldes y Matheo de Heruias, fuesse hecho y retenido, y despues
a ellos y qualesquier dellos y a todos aquellos interessaren y
les tocare, les fuesse dado por mi el notario y scribano publico
carta y auto publico uno y muchos. Todas las quales cosas
fueron hechas en la dicha fidelissima villa de Perpinyan y en
el dicho meson del Cavallete año, mes y dia arriba en el exordio
y principio de la presente carta y auto contenidos ; y en todas
las susodichas cosas y qualesquier dellas fueron presentes por
testigos el magnifico señor Agustin Puignao, veguer por Su
Mag^d del Rey nuestro señor del condado de Rossellon y tierra
de Vallespir, los honrados Nicolao Saui, sobayle por la dicha
Real Mag^d de la dicha y presente villa de Perpinyan, Francisco Guillote, zirujano de la dicha villa, los quales testigos

---

[1] [Cette *comedia* n'est pas connue. Il est probable, à en juger par
son titre, qu'elle était de *capa y espada* (bourgeoise) et d'un poète madrilène. Les gradins du couvent de San Felipe el Real, à l'entrée de la
Calle Mayor, étaient au xviie siècle le rendez-vous de tous les flâneurs
de la *coronada villa*, comme aujourd'hui la Puerta del Sol. M.-F.]

(delante de quien fueron hechas y passaron las cosas arriba dichas) han hecho fe a mi el dicho scribano que conocen muy bien a los dichos dos autores de comedias y a casi todos los arriba nombrados comediantes de la dicha compañia, y que se nombran con los mismos nombres que arriba estan nombrados. E yo Blas Canta, por las auctoridades apostolica y real notario y scriuano publico del numero y collegio de los notarios y scribanos publicos de la dicha villa de Perpinyan, que a todas las susodichas cosas y qualesquier della juntamente con los dichos testigos me he hallado presente y de todos ellos instado y requerido he tomado y retenido la presente carta y auto publico. »

(Notula quinta Blasii Canta not. Perpiniani, 1631-1632, fol. 10. — Archives des Pyrénées Orientales. Série E.)

La troupe était encore à Perpignan à la fin de mai 1631. Elle se proposait de partir « pour la France, » mais on voit par l'acte suivant qu'il pouvait bien se faire qu'elle rentrât en Espagne. Il ne paraît pas d'ailleurs que ses représentations eussent donné beaucoup de bénéfices à la troupe, qui devait encore une grande partie de la somme avancée par F. Guillot : quelques-uns de ses membres « s'en étaient même allés sans lui rien payer. » C'est dans ces circonstances que le créancier Guillot et le maître de l'hôtel du Cavallet leur firent signer la convention suivante où l'on voit figurer comme témoin, « l'illustre Gaspar de Hierva, damoiseau, domicilié, dit-il, à Perpignan. » C'était sans doute quelque parent de l'*autor* Matheo qui suivait la troupe :

« Die 31 maii 1631, Perpiniani.

De y sobre les coses devall scrites, per y entre les persones devall scrites de una part, y lo honor. Francisco Guillot silurgia y Juan La Mota hosta, tots dos de la present vila de Perpinya, de la part altra, es estat convingut, pactat, concordat y jurat lo que's segueix :

E primerament, es convingut y concordat entre les dites parts que, per quant se deuhen a dit Francisco Guillot mil y quinze reals de resta y a compliment de 2200 reals que bestregué a Matheo de Hervias autor de comedias, en nom seu y de tota la companya ab acte rebut en poder del notari devall scrit a... de mars proxim passat, so es :

Dit Matheo Heruias deu reals ;

Joan Roman cent vint y vuyt reals ;

Hieronimo Lluis de Morales CVIII reals ;

Agustin Romero CC.LXX.VIIII reals ;

Martin de Silva CLVIII reals ;

Juan Viues CCLXVIII reals ;

Pedro Maldonado LXIII reals ;

y a Juan La Mota hosta M.DC.XV reals, a compliment de tot lo a ell degut fins lo die present inclusive, tant per raho de la despesa feta a dites persones y als qui se'n son anats sens pagar, quant per raho de diner prestat y altrament, fet entre ells final compte fins lo die present, so es :

Lo dit Matheo de Heruias MCCCLXI reals;

Hyeronimo Luis de Morales XLIII reals ;

Joan de Nauia LXXXIIII reals ;

Agustin Romero CX reals ;

Martin de Silva XXVIIII reals ;

Pedro Maldonado XLVIII reals ;

Es per ço convingut y concordat entre dites parts que los dits d'alt nominats y cognominats prometen donar y pagar les demont dites quantitats respective, so es quiscu la quantitat que d'alt consta resta deuent et *non in solidum*, dins lo termini de un mes comptador del die que la companya se partira de la present vila y anira en Fransa, y, si anira per les parts de Espanya, dins tres mesos aixibe comptadors del die que's partira dita companya de la present vila pera Espanya ; y perço ne obligan tots lurs bens y persones en preso ab los rigors etc.

Item es convingut y comodat entre dites parts que tots los d'alt nominats y cognominats, comediants, prometen estar junts en una mateixa companya y en nom de *la companya de Matheo de Heruias* y anar representant per les ciutats, viles y regnes que ell volrra per lo temps y spay, so es del die present fins per tot lo die de dimars de Carnestoltes primer vinent inclusive. *Quare* etc. Testes illustris Gaspar de Hierua domicellus Perpiniani domiciliatus, Josephus Trillach droguerius Perpiniani, qui asseruerunt se cognoscere supranominatos et cognominatos comediantes, et ego Canta notarius. »

(Manuel de Blaise Canta, notaire).

La troupe de Matheo de Hiervas dut quitter Perpignan peu de temps après, mais j'ignore si elle se rendit en effet à Paris. Quoi qu'il en soit, la peste éclata bientôt à Perpignan : *Als 12 de agost* 1631, dit Pasqual, *se publicá la peste en la present vila* (Ms. de Pasqual, fol. 15. — Bibl. publ. de Perpignan), elle ne cessa complètement que vers le mois d'août 1632.

A partir de cette époque, je ne trouve plus de traces d'aucune troupe de comédiens dans cette ville ; cependant il est certain que des représentations y furent données encore pendant quelques années et probablement jusqu'à l'entrée des troupes françaises en Roussillon, en 1637, comme le prouve le bail à ferme suivant passé entre les administrateurs de l'hôpital Saint-Jean de Perpignan et l'entrepreneur ou directeur, le droguiste Joseph Trillach, que l'on a déjà vu en rapports suivis avec la troupe de Matheo de Hiervas :

« Die IVᵃ januarii MDCXXXVII illustris Thedeus del Viver et de Sant Marti domicellus et Michael Ortega notarius, rectores hospitalis pauperum etc., arrendarunt per tempus unius anni Josepho Trellach droguerio domum et theatrum de la *Casa de les Comedies* presentis oppidi Perpiniani, sitam in parrochia Sancti Joannis, confrontatam cum reverendo Joanne Sola presbitero et cum duabus viis publicis que antea dicebantur *de la Plassa del oli,* sub pacto : que's reserven los dos aposentos d'alt, lo hu *dels consols* y lo altre *dels Hospitalers* a llur disposicio de dits Hospitalers. Itemque seran franchs de entrada y assiento en la dita *Casa de Comedies* los Hospitàlers, lo confessor y no altres ; per preu de .L. lliures moneda de Perpinya per dit temps, etc. »

(Archives de l'hôpital Saint-Jean de Perpignan: manuel d'actes des notaires Sabater, Vilaroja, Canta, Coll., etc.. fol. 97.)

La *casa de les comedies* (aujourd'hui maison Terrades) est encore connue sous ce nom à Perpignan ; elle était sous la directe du domaine de l'hôpital Saint-Jean et c'est bien celle qui est désignée dans l'acte de 1637. Mais il est fort douteux que des représentations y aient été données avant 1633, quoique les actes de 1631 mentionnent une *casa de las comedias.* En effet, cette maison appartenait depuis 1613 au moins, à François Pujol, prêtre, prévôt de Canohes, qui fit testament à Perpignan, le 6 juillet 1631, et mourut le 12 du même mois. Par son testament il léguait à Honoré Pujol *una casa que jo tinch y possehesch en la present vila de Perpinya en la plassa de les Cebes,* et le nouveau propriétaire la vendit sans doute à l'hôpital qui en disposait en 1637.

Il est bien probable qu'il ne fut plus question de représenter des pièces en castillan après la reddition de Perpignan (1642), mais le théâtre continua d'exister et je trouve encore le 21 janvier 165 ... un bail à ferme de la *casa de les comedies* fait pour un an par les administrateurs de l'hôpital en

faveur de Joseph Desparsa *magister armorum* (maître d'es-
crime) : *domum sitam in Platea vetere del Oli dictam la casa
de comedias*. Cet acte n'indique pas l'usage que le nouveau
fermier voulait en faire.

Au siècle dernier cette maison appartenait à la famille
Llamby.

ALART,

correspondant du Ministère,

Perpignan, 6 novembre 1875.

Chartres. — Imp. DURAND frères, rue Fulbert.

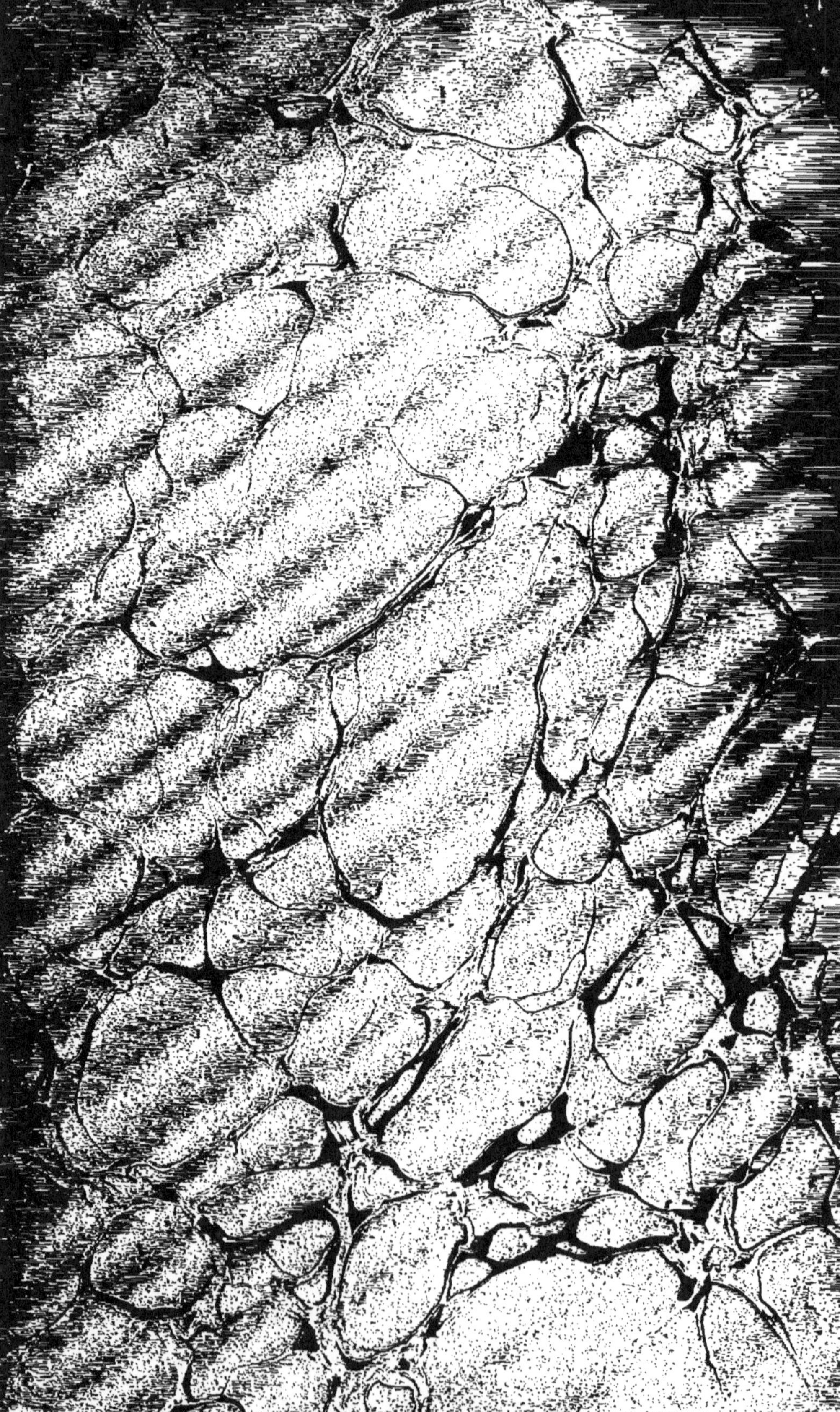

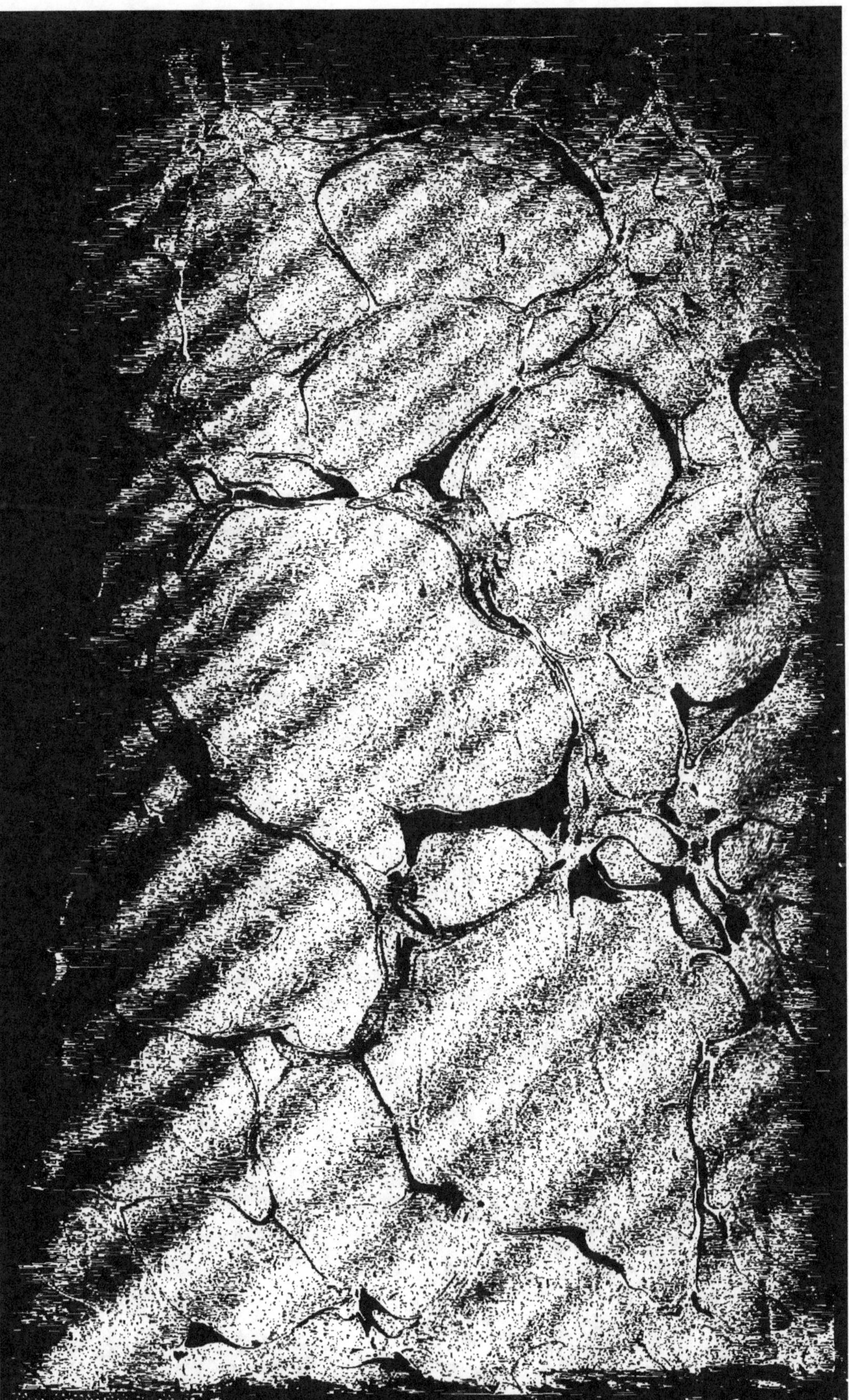

www.ingramcontent.com/pod-product-compliance
Lightning Source LLC
Chambersburg PA
CBHW051230030726
47595CB00003B/827